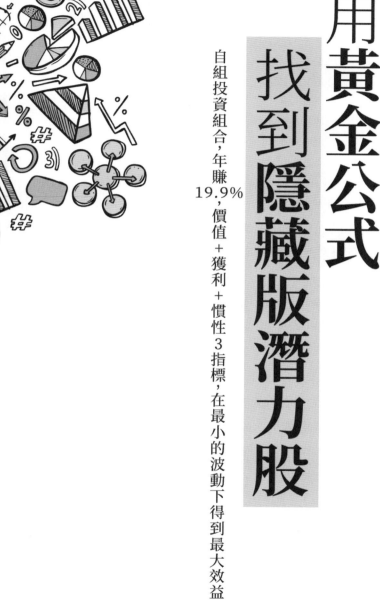

用黃金公式找到隱藏版潛力股

自組投資組合，年賺19.9%，價值＋獲利＋慣性3指標，在最小的波動下得到最大效益

作者在 2014 年出版的《誰都學得會的最強選股公式 GVI：每月選股 1 小時，勝過每天盯盤 8 小時。股市新手平均報酬 15％！》。提出成長價值指標（GVI），以股東權益報酬率及股價淨值比兩項指標，來選擇股票。

　　在 2019 年，統一綜合證券將之發展為「統一特選價值成長報酬指數指數投資證券」（020018）公開發行。發行以來績效完勝 0050。（以 2021 年 7 月 16 日之前的一年為例，特選價值成長報酬指數的報酬率為 98.27％，0050 則是 60.27％）

　　GVI 可以考量一家公司股價是否便宜（用股價淨值比來衡量），以及是否有成長性（用股東權益報酬率來衡量）。但一家公司股價便宜又有成長性，也可能股價多年不漲。於是作者開始設法解決這個問題。

　　因此除了股東權益報酬率及股價淨值比，作者決定引進股價過去 20 個交易日漲幅這個因子，發展為以下選股指標：

(1／3)×ROE 評分＋(1／3)×P／B 評分＋(1／3)×過去 20 日股價報酬評分

　　這個選股指標在過去 11 年的年化報酬率高達 19.9％，高於 GVI 的 13.4％。

Introduction

作者更進一步討論如何利用以上公式才可以達到最好的效果：

投資組合要包含多少檔股票：15 檔

選股的周期多久換股一次：1～2 個月

選股的範圍是否須限制市值：只考慮市值較高前 50％的股票

▣ 經過統計驗證的投資方法

本書提出的立論經過 2010 至 2020 年間，長達 11 年的股市資料庫電腦回測，準確性絕對不是一般只憑記憶經驗及質性推論可以比擬的。

▣ 用最新的軟體進行分析

本書採用 CMoney 法人投資決策支援系統回測，其回測參數可以參考本書附錄。此為線上回測系統，不只回測結果較為精確，更重要的是可以回測許多精緻的投資策略，也可以產生詳細的回測交易報表。

▣ 考慮績效的所有層面

一套投資方法要考慮的不只是年化報酬率，有許多面向也須一併考量，本書同時考量以下三個績效指標：

年化報酬率：投資組合的報酬率，以年化的方式表現。

年化報酬率標準差：投資組合的報酬率波動性，是否有些年度很好、有些年度很差。

投資組合波動與市場波動的關係：以系統性風險（beta）的方式表現。

Book features

🗠 考慮所有投資要素

一個投資公式產生後，把個股依公式計算排名，由高而低排列。要選擇前 30 檔或前 5 檔？多久調整一次投資組合？要不要限定個股的市值規模？

以上問題，本書都利用資料庫的回測，提出效果最好的答案。

投資組合的股數：選擇排名最佳的 30 檔股票，因為有市值限制，實際持股約 15 檔。

投資組合的市值限制：選擇市值較大前 50％的股票。

投資組合的調整周期：每1~2個月換股一次最佳。

🗠 讓你一個月花一小時，就可以選出一個投資組合

由於零股交易開放，個人持有 15 檔股票不是難事，你可以利用本書的方法，每個月檢查一次持股依公式產生的排名，賣掉跌出排行的股票，買進擠入排行的股票。每個月公式化操作一次，就不用再深入研究公司營運或是技術線型，長期就可以獲得 19.9％的報酬率。

alpha（α）　　　　　超額報酬α（excess returns）

beta（β）　　　　　系統性風險β（systematic risk）

sigma（σ）　　　　　標準差（standard deviation）

B（或 BVPS）　　　每股淨值 book value per share）

E（或 EPS）　　　　每股盈餘（earnings per share）

MV　　　　　　　　總市值（market value）

本書提及的專有名詞

P   股價（price）

P／B（或 PB） 股價淨值比（price-to-book value ratio）

P／E（或 PE） 本益比（price-to-earnings ratio）

R   報酬率（return）

ROA   資產報酬率（return on asset）

ROE   股東權益報酬率（return on equity）

投資人最缺的不是資金，而是信心、耐心、恆心。三者的關鍵就是知識，正確可靠的知識能讓投資人對投資方法產生信心、耐心、恆心，本書的目的就是提供正確可靠知識。這些知識不但經過合理的定性分析，還經過回測實證的定量驗證。就如同開發一款疫苗，不但在設計上要符合科學邏輯，還得通過雙盲三期實驗的嚴格考驗。

　　筆者曾在 2020 年出版《台股研究室》一書，回測期間從 2008～2019，長達 12 年。此書採用離線回測，即下載歷史資料到試算表軟體進行回測。優點是回測快速，可以大量回測各種選股模型；缺點是精確性略低，以及無法回測精緻的交易策略，例如設定在每年的特定時間點換股。

　　本書是此書的姊妹作，改用線上回測，即使用一套回測軟體進行回測，優點是精確性較高，並且可以回測精緻的交易策略。缺點是回測費時，較難大量回測各種選股模型。但上述缺點是對筆者的缺點，與讀者無關，可謂「我費事，你輕鬆」。

　　因此本書將回測一些之前無法回測的精緻交易策略，提供許多對投資人有幫助的知識。本書將上述回測實證成果編輯成下列各章：

📈 因子選股模型

　　第 2～5 章分別回測了單因子、雙因子、三因子、四個因子以上的多種選股模型。

📈 選股模型適應性、穩健性、最佳化

第 6 章探討選股模型的適應性,即不同規模與產業股票的績效表現。

第 7 章探討選股模型的穩健性,即在股市縱斷面(時間軸)的績效穩定性與橫斷面(投組內)的績效均勻性。

第 8 章探討優化選股模型的操作參數,例如選股股數與選股周期。

📈 交易策略

前面各章都是「做多」交易,第 9 章與第 10 章分別回測「做空」策略與「多空」策略,讓投資人了解這兩種策略的優缺點,擴大投資人交易策略的彈性。

最後,筆者誠摯希望這本書對於廣大的投資人能有所助益。

葉怡成

於淡江大學 2021/7/30

感謝葉怡成老師邀請我成為本書的共同作者。

和葉老師認識是在 2015 年時就讀台科大 EMBA 時，當時為了找尋碩士論文的寫作題材，在基本面的因子選擇上遇到了瓶頸，後來讀到葉老師的著作《台灣股市何種選股模型行得通？》，猶如醍醐灌頂。

影響股價與報酬率的因素很多，有基本面、技術面，消息面或籌碼面等因素，交易策略架構若面臨的變數太多時，就只能考量想納入交易的變數，同時也要考量各個因子在計量化交易時，運用的理論架構與時間序列特性。

此外，交易策略隨個人承受風險與資本不同而有所差異，而運用因子設計的指標與策略想法，經由歷史數據資料測試，排除人為因素在價格波動時之主觀、客觀與其他因素影響，純粹讓因子反映當時環境變化與大盤等系統性影響，統計特徵現象更顯得真實與珍貴。但預計投資報酬率的達成率高低，還是取決於人為選股或資金管理，而有所差異。

時值 2021 年航運類股與傳產股大多頭的行情，根據葉老師 GVI 指標所設計的 ETN（020018），績效也在市場上大放光彩，這些都代表因子選股模型的持續作用。

Preface

作者序

　　希望本書能讓身處茫然股海的市場投資人，從計量與因子模型等方法中找到另類的指引。

　　感謝葉怡成老師的分享與指導，還有我的指導教授繆維中，在我碩博士班中的指導，讓我得以在實務與理論間建立一座堅強的橋樑。

林昌燿

於台灣科技大學財金所博士班 2021/07/30

第 1 章 找出完美的選股指標——1+1>2的哲學

第 2 章 單一指標選股最有效？——獨木難撐大廈

Contents

第 9 章 選股模型的做空操作策略——股市做空比做多難

第 10 章 選股模型的多空操作策略——攻守兼備的操作策略

第 11 章 建立自己的投資組合——靠耐心與邏輯獲得長期高報酬

第 1 章

找出完美的選股指標
——1＋1＞2 的哲學

筆者研發的 GVI 選股指標，結合股東權益報酬率及股價淨值比，過去 11 年（2010～2020 年）創下 13.4%的年化報酬率，並授權統一證券，發行「統一特選價值成長報酬指數 ETN」上市銷售。

2021 年，筆者改用更精密的回測方法，除了考量股價的價值性、成長性，更納入股價是否開始上漲這個有關股價趨勢的因素（避免選到好股但股價長期不動），得出以下選股公式，其過去 11 年的年化報酬率高達 19.9%：

（1／3）×ROE 評分＋（1／3）×P／B 評分＋（1／3）×過去 20 日股價報酬評分

本書將以此為核心，說明如何利用科學方法，找出有效的選股指標。

投資人最缺的不是資金，而是信心、耐心、恆心。而三者的關鍵就是知識，正確可靠的知識能讓投資人對投資方法產生信心、耐心、恆心，本書的目的就是提供正確知識。這些知識不但經過合理的定性分析，還經過回測實證的定量驗證。就如同開發一款疫苗，不但在設計上要符合科學邏輯，還得通過雙盲的三期實驗。

📊 1-1 選到股價便宜的好公司

長期以來，價值股與成長股是兩種主要的選股哲學，前者主張股票便宜是王道，後者主張公司賺錢最重要。然而現實的情況是「股票便宜的公司通常不賺錢，公司賺錢的股票通常不便宜」，魚與熊掌不能兼得。

筆者在 2013 年出版《台灣股市何種選股模型行得通？》，提出一個稱為成長價值指標（Growth Value Index, GVI）的選股指標：

$$\textbf{GVI} = \textbf{(B/P)} \times \textbf{(1+ROE)}^{\textbf{m}}$$

其中

> P＝股價（price）
>
> B＝每股淨值（book value per share）
>
> ROE＝股東權益報酬率 (return on equity)，為基於近四季盈餘的股東權益報酬率，僅限本業營運產生的盈餘
>
> m＝成長係數，大約 6～8。

GVI 公式中 ROE 代表「公司賺錢最重要」的成長股選股哲學；B／P 是淨值股價比，即股價淨值比 P／B 的倒數，代表「股票便宜是王道」的價值股選股哲學。成長係數 m 是由股市資料以迴歸分析決定的係數，m 越大，ROE 對 GVI 的相對影響力越大，GVI 會偏向「公司賺錢最重要」的成長股選股哲學。反之，m 越小，GVI 會偏向「股票便宜是王道」的價值股選股哲學。股票的 GVI 越大，代表越是「賺錢公司的便宜股票」。

GVI 完美結合價值股與成長股的選股哲學，也通過回測的考驗，解決了長期以來兩種選股哲學的矛盾。回測發現，若整合這兩種選股哲學可發揮綜效，也就是 1＋1＞2 的效果，報酬率明顯提升，風險也略為下降。價值股與

成長股這兩種選股哲學不再是「魚與熊掌不能兼得」，而是「鳥之雙翼，車之雙輪，雙璧合輝」的相輔相成關係。

在 2020 年，筆者授權統一證券公司使用成長價值指標的選股策略，發行了「統一特選價值成長報酬指數 ETN」（020018）（規格見表 1-1）。指數投資證券（Exchange Traded Note, ETN）是指證券商發行到期時支付與所追蹤標的指數表現連結之報酬，並在證券交易市場交易，且投資人申購、賣回採現金交付之有價證券。此 ETN 之標的指數為「台灣指數公司特選價值成長報酬指數」。

表 1-1：台灣指數公司特選價值成長報酬指數

成分股的選股原則

一、採樣母體：

1. 指數母體：台灣證券交易所上市普通股股票（非屬經公告為變更交易方法或停止買賣股票者；但因減資或轉換為控股公司、新設公司換發新股票而停止買賣者仍可列入母體）。
2. 採樣範圍：指數母體中依台灣證券交易所產業分類，金融保險類、建材營造類以外所有上市普通股。

二、成分股篩選標準：

1. 流動性檢驗：最近 3 個月每日成交金額達 1000 萬元。
2. 指標篩選：市值篩選條件：市值在採樣範圍前 30%。
3. 排序方式：透過流動性檢驗及指標篩選後，以成長價值指標〔（淨值／股價）×（1＋股東權益報酬率）^6〕遞減排序並選取排名前 30 名之股票。

三、權重計算：

指數定審設定各成分股等權重。

四、成分股定期審核調整

　　每年 4 次進行成分股定期審核，以 1、4、7、10 月的第 7 個交易日為審核基準日，審核資料截至前一個月最後一個交易日。每次定期審核選取固定的成分股數目 30 檔。

資料來源：台灣指數公司

　　台灣指數公司設計編製「特選價值成長報酬指數」，以成長價值指標排序，考量流動性、規模、獲利能力等條件，篩選符合評量條件之 30 檔股票，採等權重加權計算報酬指數，以表彰長期投資具價值與成長特質之成分股組合含現金股利報酬的投資績效。詳細規格見表 1-2。

表 1-2：統一價值成長 30N

證券代號	020018
證券簡稱	統一價值成長 30N
發行證券商	統一綜合證券股份有限公司
標的指數	台灣指數公司特選價值成長報酬指數
上市日期	2020/7/30
到期日	2025/7/29
發行價格	10
配息與否	不配息

資料來源：台灣指數公司

　　「特選價值成長報酬指數」與著名的「台灣 50 指數」績效表現比較見表 1-3，前者報酬率遠高於同期的後者。

表 1-3：特選價值成長報酬指數與台灣 50 指數績效表現比較
（以 2021 年 7 月 16 日為準）

特選價值成長報酬指數　　　　　　　　　　台灣 50 指數

迄今報酬			迄今報酬	
1 月	10.71%		1 月	2.61%
3 月	32.27%		3 月	1.94%
6 月	53.83%		6 月	8.83%
1 年	86.15%		1 年	51.83%
3 年	-		3 年	92.86%
5 年	-		5 年	153.66%
年化報酬率			**年化報酬率**	
1 年	98.27%		1 年	60.27%
3 年	-		3 年	24.53%
5 年	-		5 年	20.99%
年化標準差			**年化標準差**	
1 年	27.5%		1 年	18.77%
3 年	-		3 年	19.64%
5 年	-		5 年	16.26%

資料來源：台灣指數公司

股票的主動投資策略不外乎兩種：

1. 價值投資（選股）

價值投資是指從宏觀經濟、產業、企業基本面分析企業內在價值，並以此決定投資決策。其中因傾向不同，又可分為價值型投資和成長型投資：

價值型投資：更注重目標企業利潤與淨值水準所隱含的內在價值與股價之間有寬闊的安全邊際，往往投資低本益比（P／E）、低股價淨值比（P／B）的股票。

成長型投資：更注重目標企業利潤的成長率和持續性，往往投資高股東權益報酬率（ROE）的股票。

　　價值型投資者也必須兼顧企業未來的成長性，否則企業價值有可能隨著時間逐步縮小，使投資虧損，所以價值性與成長性兩者並不矛盾。著名的價值投資大師有華倫・巴菲特、彼得・林區等。

2. 趨勢投資（擇時）

　　趨勢投資是指透過對買賣雙方力量的分析，以技術分析等方法研究股票趨勢，波段操作，不以企業的基本面做為策依據，投機性質較明顯。由於總是有過多的人進行短期的投機交易，致使短期投機交易往往無利可圖，再考慮因頻繁買賣而產生高昂的交易費用，使短期投機交易風險比長期持有的價值投資更大。技術分析方法大致可歸為兩大類：

　　順勢系統：其理論基礎是漲者恆漲、跌者恆跌，即當漲或跌形成趨勢時，會持續一個波段。此類技術分析專注於獲取長時間的波段行情，因此在波段趨勢明顯時的表現較佳。這類系統勝率不高，但終能夠大賺小賠，交易頻率不會太高，交易成本較低，所以報酬率較佳，但要很有耐心等待波段出現。這類系統以移動平均線為代表。

　　擺盪系統：其理論基礎是漲多必跌、跌多必漲，即當股價短期漲或跌超過合理股價範圍時，終會回到合理範圍。此類技術分析專注於獲得短期間的震盪高低點價差，因此在盤整時期的表現較佳。雖然這類系統勝率較高，但經常小賺大賠，且交易頻率過高，導致交易成本大增，侵蝕報酬率。有時交易增加的成本可能大於增加的獲利，得不償失。這類系統以威廉指標、KD、RSI 為代表。

　　上述兩類技術分析方法的邏輯剛好相反，因此適用的情況也相反。順勢系統依賴「慣性效應」，因此在波段趨勢時期表現較佳；擺盪系統依賴「反轉效應」，因此在震盪盤整時期表現較佳。但未來股價走勢是波段趨勢還是震盪盤整很難判斷。通則如下：

　　・數周以內的短期，因投資人見好就收的投機心態，「反轉效應」常占優勢；

・數月以內的中期，因投資人對最近數個月以來持續上漲的股票產生了會繼續上漲的預期心理，「慣性效應」常占優勢；

・數年以上的長期，因產業結構調整，「反轉效應」又再次占優勢。

由於價值投資（選股）的換股周期經常是數個月，因此適合與價值投資配合的趨勢投資是「慣性效應」。

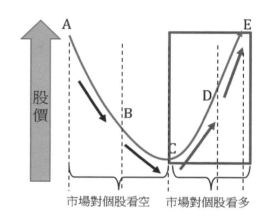

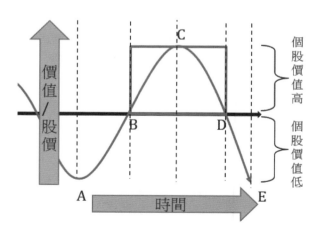

圖 1-1 趨勢投資與價值投資比較

資料來源：作者整理

趨勢投資與價值投資比較如圖 1-1。上圖的股價變化趨勢顯示，從 A 點到 C 點，股價下跌至最低點，再由 C 點上漲至 E 點。因此從趨勢投資的「慣性效應」觀點來看，A～C 區間不宜買入股票，C～E 區間適合買入。

圖 1-1 下圖顯示內在價值相對股價變化趨勢，例如 GVI 實際上就是內在價值相對股價的比率。A～B 區間股票價值低，B～D 區間股票價值高，D～E 區間股票價值低。因此從價值投資的觀點來看，A～B 與 D～E 區間不宜買入股票，B～D 區間適合買入股票。

綜合趨勢投資與價值投資的觀點，C～D 區間才是適合買股票的區間。

成長價值指標（GVI）是一種雙因子選股指標，雖然它結合了價值股與成長股的選股哲學，也透過了回測與實際投資的考驗，但它難以整合其他有效的選股概念，例如慣性效應。

雖然加權評分法（Weighted-scoring Method, WSM）是最常用的多因子選股模型，但缺少精緻的理論基礎。但它可以輕易整合其他有效的選股概念，例如慣性效應。當加權評分法只考慮價值因子 P／B（股價淨值比）與成長因子 ROE（股東權益報酬率）時，

雙因子加權評分＝（1／2）×ROE 評分＋（1／2）×P／B 評分

其中 ROE 評分＝將股票依 ROE 排序，因為 ROE 越大公司越賺錢，故排在最大一端的股票得 100 分，排在最小一端的股票得 0 分，其餘內插。P／B 評分＝將股票依 P／B 排序，因為 P／B 越小股票越便宜，故排在最小一端的股票得 100 分，排在最大一端的股票得 0 分，其餘內插。

此雙因子加權評分法選股模型績效高低與特性，跟成長價值指標（GVI）十分相似，可謂英雄所見略同。這強化了加權評分法的可信度。

以上這兩種方法在筆者 2013 年出版《台灣股市何種選股模型行得通？》均有介紹與回測實證。而在 2018 年出版的《美股研究室》、2020 年出版的《台股研究室》中，由於加權評分法很容易融入更多的選股因子，可

以幫助投資人創造更大的綜效，提高投資績效，因此加權評分法逐漸成為書中主流。

《台股研究室》一書已經把加權評分法闡述得十分詳細，為何還要撰寫此書？原因是兩本書使用的回測系統不同。回測系統可以分成兩大類（圖1-2）：

離線（off line）回測系統：

下載資料庫，以一般的試算表軟體回測各種自設的選股模型。這種方法的優點是「白箱模型」，易於比較與驗證，回測速度快。缺點是回測結果理論上較為粗略，也無法回測許多精緻的投資策略，例如以日曆天為準，在季報公告的隔日換股。

線上（on line）回測系統：

上網連線資料庫，以專業回測系統回測各種預設的選股模型，例如加權評分法。這種方法的缺點是「黑箱模型」，不易比較與驗證，回測速度慢。優點是回測結果理論上較為精確，並且可以回測許多精緻的投資策略，以及產生詳細的回測交易報表，例如買入、賣出的個股報酬率等。

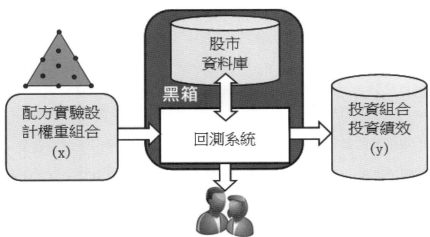

選股策略的線上(on line)回測系統

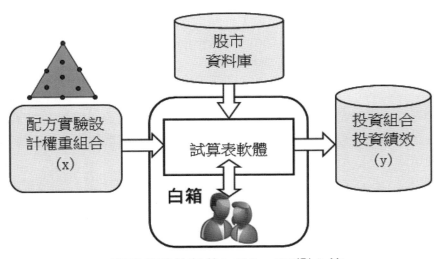

選股策略的離線(off line)回測系統

圖 1-2 離線（off line）回測系統與線上（on line）回測系統

資料來源：作者整理

《台股研究室》採用離線（off line）回測系統，回測結果理論上較為粗略，更無法回測許多精緻的投資策略。

這本書則採用線上（on line）回測系統，不只回測結果較為精確，更可以回測許多精緻的投資策略，也可以產生詳細的回測交易報表。本書採用 CMoney 法人投資決策支援系統回測，其回測參數可以參考本書附錄。

本書推薦的選股方法為以下的三因子加權評分法多因子選股模型

三因子加權評分＝(1／3)×ROE 評分＋(1／3)×P／B 評分＋(1／3)×R 評分

其中 ROE 評分與 P／B 評分同雙因子加權評分，R 評分＝將股票依最近一個月（約 20 個交易日）的報酬率排序，因為「慣性效應」的關係，其值越大，未來上漲的慣性越大，故排在最大一端的股票得 100 分，排在最小一端的股票得 0 分，其餘內插。

此三因子加權評分法選股模型的績效比成長價值指標（GVI）更高，在 2010～2020 這 11 年間台灣股市回測的年化報酬率，以 19.9%大幅領先 GVI 的 13.4%，可謂「青出於藍而勝於藍」。

為了讓讀者了解這兩個選股模型回測期間的全程績效，特繪製累積財富圖 1-3，它的縱軸是累積財富，即假設從 1.0 元開始投資的投資組合現值。顯示三因子加權評分法、GVI 選股方法橫軸時間軸末端累積財富分別為 7.4 元與 4.0 元。

這本書將環繞這個模型回測許多精緻的投資策略，讓投資人對加權評分法的運用更得心應手。

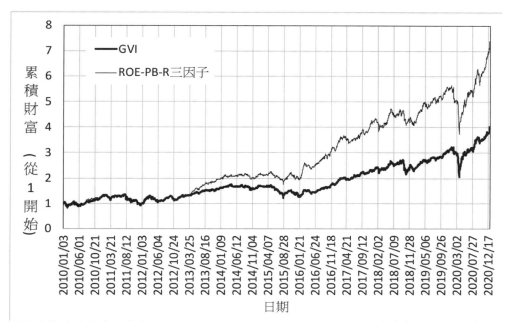

圖 1-3 三因子加權評分法、GVI 選股方法的累積財富

資料來源：作者整理

📊 1-2 選股因子的類別：價值、獲利、慣性、風險、規模

近年來已有許多談投資的書介紹「價值投資」，甚至更廣義的「因子投資」，探討如何結合各種因子效應，建構多因子選股模型提高報酬率。

過去的研究中，常用來選股的因子包括：

價值因子：便宜股票的報酬率常高於昂貴股票。例如股價淨值比（P／B）、本益比（P／E）。

獲利因子：賺錢公司的股票的報酬率，常高於不賺錢公司的股票。例如股東權益報酬率（ROE）。

慣性因子：近期股票報酬率高的股票報酬率，常高於近期股票報酬率低的股票。例如以最近一個月或一季的股票報酬率做為慣性因子。

風險因子：古典理論認為系統風險（beta 值）高的股票報酬率常高於低的股票。

規模因子：市值小（小型）公司的股票報酬率常高於市值大（大型）公司的股票。

本書選擇了五個因子，股價淨值比（價值因子）、股東權益報酬率（獲利因子）、前月股票報酬率（慣性因子）、近 250 日 beta 值（風險因子）、總市值（規模因子），進行選股。其中股價淨值比越低、股東權益報酬率越高、前月股票報酬率越高，則評分越高，這是因為具有這些特徵的股票，預期的報酬率越高。

雖然規模越小的股票預期報酬率可能越高，但流動性低，風險可能越高。由於投資人對流動性與風險的接受程度不同，因此報酬率並非投資人唯一重視的績效指標。前面選擇了三個可以提升報酬率的選股因子，為了排除流動性太低的股票，本書的「選股池」只包含台灣所有上市及上櫃股票中市值超過中位數的股票，也就是每季市值前 50% 的股票。因此規模因子被視為一個篩選條件，而非加權評分法選股的一個評分因子。

　　雖然古典理論認為，系統風險越大的股票報酬率越高，但許多實證並不支持此一理論。由於系統風險可能具有持續性，即過去系統風險越大的股票，未來的系統風險可能越大；大多數的投資人對風險是厭惡的，因此本書採用系統風險越低、評分越高的選股概念，達到降低風險的目標。

　　因此，本研究採用四個選股概念：小股價淨值比、大股東權益報酬率、大前月股票報酬率、小系統風險選股概念。

📈 1-3 選股因子的選股綜效

　　有經驗的投資人應該會發現許多因子具有選股能力，但效果不強，特別是對大型股而言。由於這些因子分別反映了價值、獲利、慣性、規模、風險等效應，結合多個因子是否可以結合多個效應，產生綜效，創造選股能力更強的多因子選股模型？為此，這裡先證明結合價值因子與獲利因子，可以結合價值效應與成長效應，產生選股能力更強的模型。後面幾章再系統化地建構與回測單因子、雙因子、三因子，以及多因子模型。

　　為了最佳化選股績效，可以採用不同權重結合兩個選股因子。雙因子加權評分法的步驟如下：

單因子評分：

　　將股票依選股因子由預設方向排序，排在最佳一端的股票得 100 分，排在最差一端的股票得 0 分，其餘內插。

多因子評分：

　　將各因子評分乘以一定的權重後，加總後得到加權總分。

評分排序：

　　將股票依「加權總分」排序，加權總分越高的股票越好，越低就越差。

　　例如以 60% 與 40% 為權重結合股東權益報酬率 ROE（選大）、股價淨值

比 P／B（選小）這兩個因子，假設某一檔股票 ROE 比 80%的股票高，因為 ROE 選大，故得 80 分，但 P／B 也比 70%的股票高，因為 P／B 選小，故得 30 分，則

加權總分＝ ROE 權重×ROE 評分 ＋ P／B 權重×P／B 評分

$$=60\%\times80 分＋40\%\times30 分＝48 分＋12 分＝60 分$$

由於每檔股票都有一個總分，加以排序後可以取出特定數目的股票檔數。例如圖 1-4 以（0%,100%）、（10%,90%）……（100%,0%）11 種權重組合來回測「ROE＋P／B」雙因子模型，並取第十等分，即「加權總分」前 10%股票構成的投資組合。其季報酬率平均值如下：

純 P／B 模型（0%, 100%）：4.9%

純 ROE 模型（100%, 0%）：4.3%

ROE＋P／B 等權模型（50%, 50%）：6.5%

ROE＋P／B 最佳模型（60%, 40%）：6.6%

如果兩個因子之間沒有「綜效」，那麼季報酬率平均值應該是「純股價淨值比模型」與「純股東權益報酬率模型」的線性內插（圖 1-4 的斜虛線）。但此雙因子模型的實際回測季報酬率平均值是一個向上突出的曲線，以「最佳模型（60%, 40%）」，即 ROE 權重 60%，P／B 權重 40%為例，其季報酬率平均值的線性內插值為

線性內插值＝ROE 權重×純 ROE 模型報酬率＋P／B 權重×純 P／B 模型報酬率

$$=60\%\times4.3\%＋40\%\times4.9\%＝2.58\%＋1.96\%＝4.54\%$$

因此「綜效」為

綜效＝實際回測值－線性內插 ＝ 6.6%－4.54%＝2.06%

　　此多出的差額 2.06%為 ROE、P／B 這兩個因子的綜合效果，即「綜效」。因此多因子模型著重於發掘具有「綜效」的因子組合，以及其最佳權重組合。

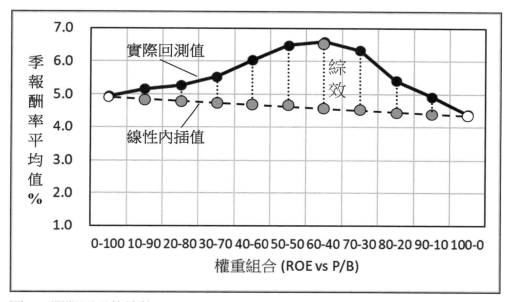

圖 1-4 選股因子的綜效

資料來源：作者整理

◢ 1-4 以選股綜效創造 1＋1 大於 2 的投資績效

圖 1-5 為當代投資組合理論的「效率前緣」，它是由多個個股（或投資組合）以不同比例投資金額組合下能達到的邊界。當個股（或投資組合）之間的報酬率相關係數越小，組合的風險越小，甚至可能比其組成的最小風險更小；但報酬率會介於其組成的報酬率之間，無法提升。

圖 1-6 為多因子選股模型的「綜效前緣」，它是由多個選股因子（或選股模型）以不同權重組成多因子選股模型下能達到的邊界。當因子之間報酬率的綜效越大，組合報酬率可能比其組成的最大報酬率更大。

總之，「效率前緣」重視組合具有負相關或低相關的股票，以降低投資組合的可分散風險。「綜效前緣」重視組合具有「綜效」的選股因子，以強化選股模型的選股能力，提升報酬率。因此「綜效前緣」與「效率前緣」是兩個完全不同的概念。

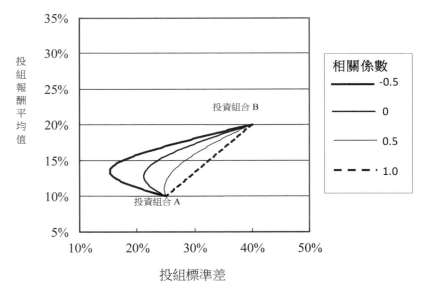

圖 1-5 當代投資組合理論的「效率前緣」

資料來源：作者整理

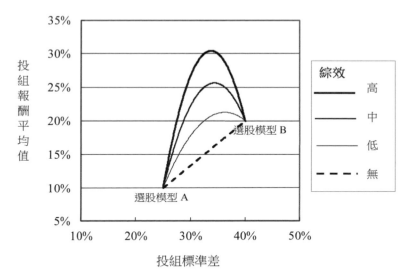

圖 1-6 多因子選股模型的「綜效前緣」

資料來源：作者整理

📈 1-5 加權評分法：結合多個構面

在多因子選股模型的研究當中，許多研究者採用加權評分法，透過給予各選股因子不同的權重配置，來建構最大化報酬的選股模型。加權評分法的步驟如下：

因子篩選：

首先必須先從各種可以用來對股票進行評分的因子中，挑選出所需要的評分因子。

因子評分：

將股票依因子大小排序，如果該因子預期越大越好，則最小值給 0 分，最大值給 100 分，其餘用內插原則評分。反之，如果該因子預期越小越好，則最小值、最大值分別給 100 分、0 分，其餘用內插原則評分。

權重分配：

指定各評分因子的權重，權重總和必須為 100%。

總分排序：

最後計算每檔股票的加權總分，得分最高的股票就是最好，得分最低的股票就是最差。

但這類方法通常只是用主觀的方式設定不同權重，因此這種方法有幾個缺點：

1.無法了解因子權重與選股績效之間的關係。

2.無法有系統地發現最佳因子權重組合。

3.只單純追求最大化報酬的選股模型，不考慮風險與規模的限制，無法滿足不同需求的投資人。

為了克服上述缺點，筆者提出以配方設計（mixture design）方式建構證券投資決策系統。配方設計問題的特性是具有下列限制：

每一種成分都要大於等於 0，即

$$x_i \geq 0 \quad i = 1 , 2 , \cdots , q$$

所有成分的總和等於 1，即

$$\sum_{i=1}^{q} x_i = x_1 + x_2 + \cdots + x_q = 1$$

在建構最佳化選股模型的過程中，如果把每一個選股因子的「權重」視為配方設計問題中的「成分」，則選股因子權重比例組合可視為配方設計問題中的「配方」。最佳配方是指能優化投資人的「目標」（例如最大化報酬），且滿足投資人的「限制」（例如限制風險）。因此選股決策問題可視為一個尋求優化目標、滿足限制，各選股因子權重總和正好 100% 的最佳化設計問題。此一方法論的實施步驟如下（圖 1-7）：

實驗設計與實施：

首先以配方實驗設計產生多組不同的選股因子權重組合（x），透過股市歷史資料庫的回測，得到各組選股因子權重組合下的投資績效（y），以得到資料配對（x,y），建立「權重組合—投資績效」資料庫。

模型建構與分析：

利用「權重組合—投資績效」資料庫與二階迴歸分析建立「權重組合—投資績效」預測模型 y＝f（x），並分析權重組合與投資績效之間的關係是否合理。

權重優化與驗證：

最後的針對投資人的不同投資績效偏好，設定不同的最佳化模式，並以最佳化方法求解最佳的選股因子權重組合（x*），並透過股市歷史資料庫回測，得到這些權重組合下的投資績效（y*），來驗證它們是否能夠滿足投資人的不同投資偏好。

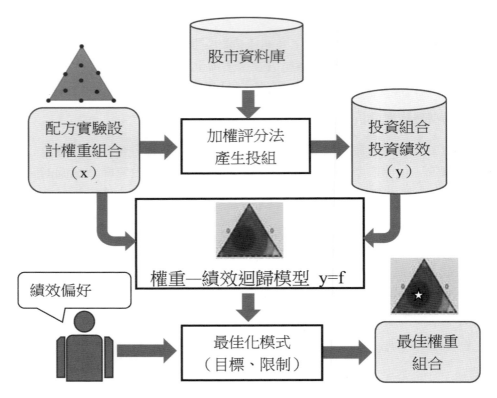

圖 1-7 以配方設計法建構加權評分法選股模式
資料來源：作者整理

　　筆者曾以上述方法實際應用在台灣股市，獲得顯著優於大盤的績效。這本書的目的在於教導一般讀者如何把因子投資實際在台灣股市操作，因此不會使用上述那麼學術化的方法論，而是以「科普化」講故事的方式，帶領讀者了解「因子投資」的精髓。

📈 1-6 實驗計畫法：布下天羅地網

實驗設計（Design of experiments）是數理統計學的一個分支，涉及「如何設計一個更好的實驗」，屬於科學研究方法論的範疇，被廣泛用於自然科學及社會科學實驗的設計。由於實驗經常有大量的因子（可控制因子），以及大量的環境參數（不可控制因子），因此實驗規劃目的在於有效發掘因子間的交互作用（綜效），以及有效抑制環境參數對實驗結果的干擾。

配比設計是指一個實驗設計各因子水準之間有總和限制者。配比問題在製造業中十分常見，例如傳統混凝土之配比成分主要為水泥、水、砂、碎石四種，現代高性能混凝土常加入強塑劑、飛灰、爐石或其他成分，以提高混凝土品質及降低生產成本。無論幾種成分，設計問題均為尋求正好組成 1 立方公尺混凝土（因為混凝土是以體積計價）各成分的使用重量（因為原料是以重量計價）。

由於使用直角座標系來表達設計空間並不適宜，一般常用如圖 1-8 的單體座標系（Simplex Coordinate System）。

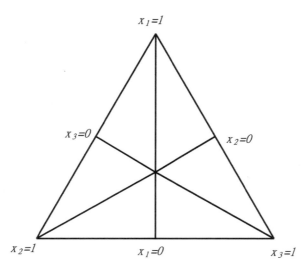

圖 1-8 單體座標系 資料來源：作者整理

配比設計問題雖然也是採用反應曲面法的設計理念，但因各品質因子的水準之間有總和限制，故其實驗設計、模型建構與參數優化等三個程序之技術均與一般的品質設計問題有所不同。

　　配比設計的常用實驗設計為單體形心設計（Simplex Centroid Design）。在一個 q 種成分的單體形心設計中，共有 2^q-1 個實驗點，包括

　　一元混合：（1，0，0，……，0），（0，1，0，……，0），…，（0，0，0，……，1）等設計。

　　二元混合：（1／2，1／2，0，0，……，0），（1／2，0，1／2，0，……，0）等由1／2與0組成的設計。

　　三元混合：（1／3，1／3，1／3，0，0，……，0），（1／3，1／3，0，1／3，0，……，0）等由1／3與0組成的設計。

　　q 元混合：（1／q，1／q，……，1／q）之中心點設計。

　　三成分單體形心設計其實驗點在單體座標系的分布如圖 1-9 所示。

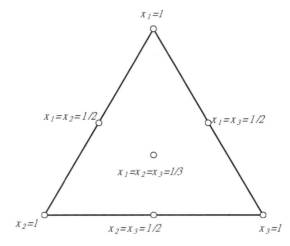

圖 1-9 單體形心設計（三成分）

資料來源：作者整理

單體形心設計所對應的多項式函數如下：

$$E(y) = \sum_{i=1}^{q} \beta_i x_i + \sum_{i<j}\sum\sum \beta_{ij} x_i x_j + \sum_{i<j<k}^{q} \sum\sum \beta_{ijk} x_i x_j x_k + \cdots + \beta_{12\cdots q} x_1 x_2 \cdots x_q$$

例如當 q＝3 時

$$E(y) = \beta_1 x_1 + \beta_2 x_2 + \beta_3 x_3 + \beta_{12} x_1 x_2 + \beta_{13} x_1 x_3 + \beta_{23} x_2 x_3 + \beta_{123} x_1 x_2 x_3$$

📊 1-7 績效指標：報酬、風險、流動性

一般而言，可以用來衡量投資組合績效的項目有報酬、風險、流動性，因此本文採用下列績效指標：

年化報酬率：

年化報酬率表示以年為單位的複利報酬率或幾何平均報酬率。

年化報酬率標準差：

標準差越大代表隨機變數的分布越寬，從投資人的觀點來看，報酬率的分布越寬，不確定性越大、風險越大。此種風險可視為投資標的之「總風險」。

系統風險（beta）：

系統風險又稱市場風險，也稱不可分散風險，是指由於某種因素導致股市中所有股票價格下跌，使投資人帶來損失的風險。系統風險的誘因發生在企業外部，上市公司無法控制，其帶來的影響比較大。系統風險的大小可用β值來衡量，它表示一段期間內股票（或投資組合）漲跌比率相對於市場漲跌比率比值的期望值，例如一檔股票（或投資組合）的β＝1.2，代表市場的漲跌 1%，股票（或投資組合）漲跌期望值為 1%×1.2＝1.2%。β值＞1 表示股票（或投資組合）的變動波幅大於市場變動波幅。

如以市場的漲跌比率為 X 軸，以投資組合的漲跌比率為 Y 軸，繪製 XY 散布圖，則系統風險β就是散布圖數據點的迴歸直線斜率，通常在 1.0 左右。

β值越大，系統風險越大。由於投資人不喜歡風險，β值太大不是好事。

　　本書選股只選市值超過中位數的股票，也就是每季市值前 50%的股票，因此規模因子被視為一個篩選條件，而非加權評分法選股其中一個評分因子，故不會選出流動性太小的股票。選股時選出加權評分法排名的前 30 檔股票加入投資組合。但因為選股池有每季市值前 50%的股票的限制，有些加權評分法排名在前 30 名的股票因市值限制被排除，故真正被選出的股票常在10～15 檔。如果檔數太少，代表選股模型傾向選出小型股，因此平均做多持股數，可做為衡量投資組合流動性的輔助指標。

　　本書選股模型基本上是以月為單位換股，但加權評分前 30 名的股票不會賣出。因此投資組合並非每個月周轉一次，實際的年交易成本約在 4%～5%。雖然前述的各項指標都已經考慮交易成本，但年交易成本仍為衡量投資組合妥適性的輔助指標。

⚐ 1-8 回測期間：2000～2020 年

雖然選股因子權重與各投資績效間可能存在某種關係，例如股價淨值比小的便宜股票，報酬率常高於股價淨值比大的昂貴股票。但這只是定性關係，兩者的定量關係可能會隨時間而異，起伏很大。如果選股因子權重與各投資績效間的定量關係波動太大，就無法用過去的資料來建模，而在未來利用建立的模型來選股。因此為了探討此定量關係是否穩定，在分割資料為樣本內與樣本外數據時，需要考慮時間因素。本文的研究期間橫跨 21 年，分成兩期：

近期：

2010～2020 年，共 11 年為主要的回測期，用以評估特定選股概念權重組合的績效。

早期：

2000～2009 年，共 10 年為輔助的回測期，用以驗證選股概念權重組合績效的穩健性。

⚐ 1-9 股市大數據

資料探勘和大數據都涉及為企業或其他機構提供蒐集或處理數據的服務。資料探勘（Data mining），或稱數據挖掘，是在大量資料中，搜尋有價值的資訊或知識。資料探勘就如同採金礦，開採出來的礦石（資料）經過一連串處理，而成了黃金（知識）。

大數據已經變得很重要，因為許多公共和私人組織已經蒐集大量的領域特定訊息，諸如網絡安全、欺詐檢測、行銷和醫學領域的有用訊息。例如 Google 和 Microsoft 等公司正在分析大量數據，以進行業務分析和決策。

股市包含了大量的財報、交易等資料，可以視為一個三維的資料庫（圖 1-10）：

時間維：

股市資料可以年、季、月、周、日，甚至以時分秒為單位，因為本書為基本面選股，因此採用季、月、日資料，如果以 20 年來算，分別有 80 季、240 個月、約 5000 個交易日。

股票維：

上市上櫃有 1700 多檔股票。

變數維：

股票有各式各樣的財報、交易資料，但常用者大約不超過 100 個。

因此，如果以日為單位，20 年的數據有 $5000 \times 1700 \times 100 = 8.5$ 億個資料，要直接從中挖掘出有價值的知識是很困難的。因此本書採用「間接法」，即先有系統地設定不同風格的加權評分法選股模型，接著回測其投資績效，再以統計方法分析各選股因子的權重與投資績效之間關係。透過這種方法，可以發現因子權重與選股績效之間的規律，並優化最佳因子權重組合，幫助投資人提高投資績效。

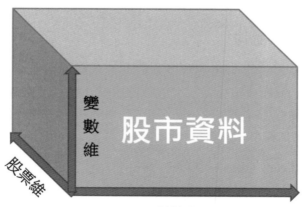

圖 1-10 股市資料庫可以視為一個「時間×股票×變數」的三維資料庫
資料來源：作者整理

📊 1-10 實驗設計：選股模型權重

為了有系統地實驗，本研究使用實驗設計。因為選股概念的權重總和必須等於 1，故屬於配方設計，即每一個選股概念的權重視為一種成分。本文的配方設計採用最常被使用的單體形心設計。一個具有 q 種成分的單體形心設計，有 $2^q - 1$ 個實驗點。以三個選股概念的權重（成分）為例，有 $2^3 - 1 = 7$ 個實驗點，即 7 個選股概念權重組合，如表 1-4 所示。每個因子可設定的權重比例有 1、1／2、1／3、0 四種。以四個選股概念的權重（成分）為例，有 $2^4 - 1 = 15$ 個實驗點，如表 1-5 所示。每個因子可設定的權重比例有 1、1／2、1／3、1／4、0 五種。雙因子、三因子、四因子實驗設計的圖形表達如圖 1-11。

表 1-4 三因子選股概念實驗設計

No	選股概念權重組合		
	因子 A	因子 B	因子 C
1	1	0	0
2	0	1	0
3	0	0	1
4	1／2	1／2	0
5	1／2	0	1／2
6	0	1／2	1／2
7	1／3	1／3	1／3

資料來源：作者整理

表 1-5 四因子選股概念實驗設計

No	選股概念權重組合			
	因子 A	因子 B	因子 C	因子 D
1	1	0	0	0
2	0	1	0	0
3	0	0	1	0
4	0	0	0	1
5	1／2	1／2	0	0
6	1／2	0	1／2	0
7	0	1／2	1／2	0
8	1／2	0	0	1／2
9	0	1／2	0	1／2
10	0	0	1／2	1／2
11	1／3	1／3	1／3	0
12	1／3	1／3	0	1／3
13	1／3	0	1／3	1／3
14	0	1／3	1／3	1／3
15	1／4	1／4	1／4	1／4

資料來源：作者整理

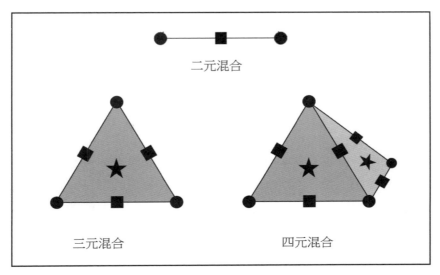

圖 1-11 雙因子、三因子、四因子實驗設計的圖形表達

資料來源：作者整理

📊 1-11 實驗實施：選股模型回測

本書後續各章的模型在回測時，如果沒有特別說明，其回測參數如下：

回測期間：

2010 年 1 月初到 2020 年 12 月底，共 11 年的股市資料。為了測試模型的穩健性，部分回測的時間取 2000 年 1 月初到 2009 年 12 月底，共 10 年的股市資料，進行比較。因此本書的回測橫跨 2000 年 1 月初到 2020 年 12 月底，共 21 年的股市資料。

股票樣本：

為了排除流動性太低的股票，選股池只包含台灣所有上市及上櫃股票中市值超過中位數的股票，也就是市值前 50% 的股票。為了探討選股因子在大型股是否也具有選股能力，本書也測試了以每季市值前 20%、10%、5%為投

資範圍的樣本集合。此外，為了比較，也測試了無市值限制的情況。

交易成本：

依現行股票交易實務計算，即買、賣時的手續費千分之 1.425，及賣出時的交易稅千分之 3。

交易周期：

每個月的第一個交易日。為了探討交易周期的影響，也測試了以交易日為基準的 1、5、10、21、30、42、60、250 個交易日的情況。此外也測試了以日曆日為基準的每月的第 1、5、10、15、20、25 日交易的情況。最後也比較了以日曆日為基準的每月第 1 個交易日、季報日、年報日交易的情況。

選股比例：

股票比例採用加權評分法排名最佳的前 30 檔股票，但為了排除流動性太低的股票，選股池有每季市值前 50%股票的限制，因此有些加權評分法排名在最佳前 30 名的股票因市值限制被排除，故真正選出的股票多在 10～15 檔。為了探討選股比例的影響，也測試了加權評分法排名最佳前 10、20、30、50、100 檔股票的情況。

下市個股：

回測系統對已下市個股的處理方式有包含、不包含下市個股兩種模擬方式。為了消除存活偏差，本書採用包含下市個股。

個股權重：

回測系統的投資組合組成方式有個股相同權重、市值比重權重兩種模擬方式。個股相同權重是將投資資金平均分配在每一檔個股，市值比重權重是將投資資金依照個股的總市值分配。例如買入 A、B 兩股，總市值各 100 億元與 900 億元，假設資金有 100 萬，個股相同權重會買 A、B 兩股各 50 萬元；市值比重權重會買 A 股 10 萬元、B 股 90 萬元。後者的投資組合報酬率

幾乎都被 B 股控制，不利於排除非系統風險。為了確保達成多元分散投資，本書採用個股相同權重。

交易價格：

回測系統的交易價格有交易日當日收盤價、隔日開盤價兩種模擬方式。本書選當日收盤價。

操作方式：

回測系統的操作策略有做多、做空操作兩種模擬方式。本書選做多操作。為了探討操作方式的影響，也以專章探討做空、多空操作的情況。

買入規則：

每次回測，買入「市值前 50%」且「加權評分法排名在最佳前 30 名」的股票。這兩個條件為「且」的關係，因此有些加權評分法排名在最佳前 30 名的股票，因市值限制被排除。

賣出規則：

賣出所有未滿足買入規則的股票。

取消選項：

在回測系統的選項中，取消內定的「檢查停損停利」選項，使回測結果能單純反映選股因子的選股能力。

選取選項：

在回測系統的選項中，選取「排除一價到底的股票」與「排除無交易價的股票」選項，使回測的結果能合理反映市場實際運作。

單一指標選股最有效？
——獨木難撐大廈

選股因子可分成四類：獲利、價值、慣性、風險。雖然部分因子確實可以提升投資績效，但幅度很小，而且經常伴隨高風險，更糟的是選股效果不穩定，有時會連續數年不如大盤。

📈 2-1 單因子選股的績效

已經有許多因子被用來選股，這些因子可分成五大類：

價值因子：便宜股票的報酬率常高於昂貴的股票。例如股價淨值比（P／B）、本益比（P／E）。

獲利因子：賺錢公司股票的報酬率常高於不賺錢公司的股票。例如股東權益報酬率（ROE）。

慣性因子：近期報酬率高的股票，報酬率常高於近期報酬率低的股票。例如以最近一個月或一季股票報酬率來做為慣性因子。

風險因子：古典理論認為系統風險（beta 值）高股票的報酬率常高於低

的股票。

規模因子：市值小公司的股票報酬率常高於市值大的公司股票。

其中獲利因子、價值因子、慣性因子對投資組合的報酬影響較大；風險因子對風險影響較大，對報酬影響較小；規模因子對流動性影響較大，對報酬影響較小。

為了排除流動性太低的股票，本書的「選股池」只包含台灣所有上市及上櫃股票中市值超過中位數的股票，也就是市值前 50% 的股票。因此規模因子被視為一個篩選條件，而非加權評分法選股的一個評分因子。

本章採用以下選股因子回測：

獲利因子：資產報酬率（Return on Asset, ROA）（選大）、股東權益報酬率（Return on Equity, ROE）（選大）、營業利益率（Return on Sales, ROS）（選大）

價值因子：股價淨值比（PB）（選小）、近四季本益比（PE4）（選小）

慣性因子：前一個月的股票月報酬率（R）（選大）

風險因子：系統風險β（beta）（選小）

採用第一章介紹的回測方法，其回測參數如下：

回測期間：2010 年 1 月初到 2020 年 12 月底，共 11 年的股市資料。

股票樣本：台灣所有上市及上櫃股票中，市值前 50% 的股票。

交易成本：依現行股票交易實務計算。

交易周期：每個月的第一個交易日。

選股比例：採用加權評分法排名最佳的前 30 檔股票。

下市個股：包含下市個股。

個股權重：個股相同權重。

交易價格：當日收盤價。

操作方式：做多操作。

買入規則：買入「市值前 50%」且「加權評分法排名在最佳前 30 名」的股票。

賣出規則：賣出所有不滿足買入規則的股票。

結果如圖 2-1 至 2-5。這段期間的大盤年化報酬率為 5.46%（不含現金股利），選股模型年化報酬率含現金股利分析如下：

年化報酬率：價值因子 PE4（近四季本益比）最低，遠低於大盤，三種獲利因子選股均略低於大盤，慣性因子則接近大盤，只有價值因子 PB 與風險因子 beta 選股的年化報酬率優於大盤。可見單一因子選股很難擊敗大盤。

年化報酬率標準差：月報酬率選股的年化報酬率標準最高，是總風險最高的選股因子。

系統風險：月報酬率選股的系統風險略高於 1.0，beta 選股的系統風險很低，其餘因子選股均在 1.0 左右。

平均持股數：獲利因子選股的平均持股數較多，而價值因子選股者較少。這是因為回測樣本有市值前 50% 的限制，這類較大型股票的獲利能力可能比較小型者略高，因獲利因子 ROE 選大，故入選機率略高於 50%；而價值因子 P／B 可能比較小型者略高，因價值因子 P／B 選小，故入選機率略低於 50%。beta 有很低的平均持股數，因此前述 beta 選股的年化報酬率優於同期大盤並不可靠。

年交易成本：月報酬率選股的年交易成本遠高於其他選股因子，這是因為每月選股一次，技術面的月報酬率變化快，因此加權評分法排名變化也較

快；而基本面變化慢，排名變化也較慢，造成以月報酬率選股時，買賣頻率較高，年交易成本也跟著較高。

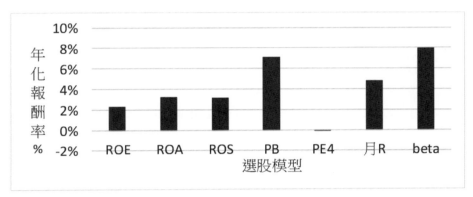

圖 2-1 單因子選股的年化報酬率 資料來源：作者整理

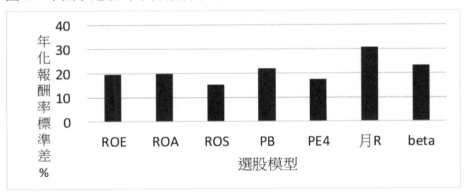

圖 2-2 單因子選股的年化報酬率標準差 資料來源：作者整理

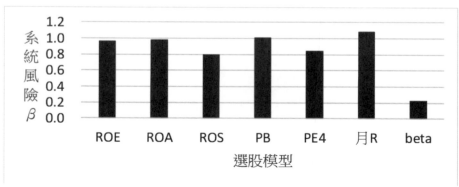

圖 2-3 單因子選股的系統風險 資料來源：作者整理

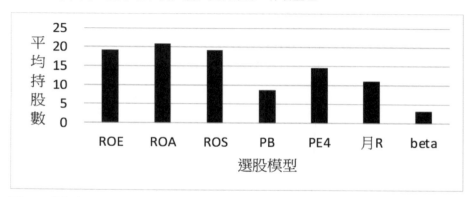

圖 2-4 單因子選股的平均持股數 資料來源：作者整理

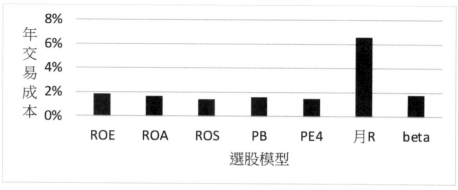

圖 2-5 單因子選股的年交易成本 資料來源：作者整理

📈 2-2 獲利因子：只有公司賺錢是不夠的

獲利因子是將企業的產出利潤除以投入資源（圖 2-6）。三種獲利因子選股均低於同期大盤年化報酬率（5.46%），可見只有公司賺錢是不夠的。原因是市場通常會給賺錢公司的股票較高的評價，因此股價經常已經適當地反應了公司賺錢的資訊。

不過獲利因子選股的平均持股數較多，而價值因子選股者較少。這是因為選股池只含市值前 50%的股票，這種公司獲利能力比市值小的公司略勝一籌，因此在加權評分法排名最佳的前 30 檔股票中占一半以上，故平均持股數高於 30 的一半，約 20 檔股票。

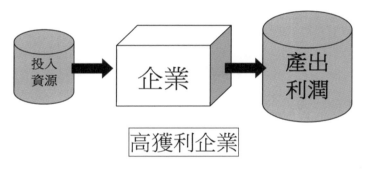

圖 2-6 獲利因子是將企業利潤除以投入資源　資料來源：作者整理

📈 2-3 價值因子：便宜還是王道

　　價值因子是將股票的權益除以價格（圖 2-7）。兩種價值因子選股中，PB 選股高於同期大盤年化報酬率（5.46%），而近四季本益比（PE4）卻低很多。可能的解釋是：PB 使用最近一次公告的每股淨值計算，而 PE4 使用最近四季財報公告的每股盈餘計算。由於市場反映財報這種基本面資訊的效率並不差，一年前的盈餘資訊早已反映在股價中，因此使用 PE4 選股的時效性很差。

　　雖然PB選股年化報酬率略高於同期大盤，但大盤的報酬率並未考慮現金股利。在考慮現金股利後，PB選股反而略低一點。原因是市場給予那些股票較低的評價，例如低本益比、低股價淨值比，經常是因為它們公司的賺錢能力較差，例如股東權益報酬率較低，因此PB較低的股票其股價未必真的算便宜。

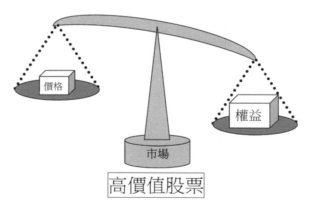

圖 2-7 價值因子是將股票的權益除以價格　資料來源：作者整理

⌖ 2-4 慣性因子：市場具有趨勢

慣性效應是指股市有「漲者恆漲，跌者恆跌」的現象（圖 2-8）。以股票月報酬率（R）選大來選股的年化報酬率，略低於同期大盤，但其年交易成本遠高於其他選股因子。這是因為每月選股一次，技術面的月報酬率變化快，因此會不斷換股操作。如果不計交易成本，慣性效應明顯有效。此外，風險偏高是以股票月報酬率（R）選大來選股的另一個缺點。

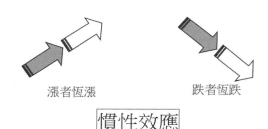

漲者恆漲　　　　　　跌者恆跌

慣性效應

圖 2-8 慣性效應指股市有「漲者恆漲，跌者恆跌」的現象
資料來源：作者整理

⌖ 2-5 風險因子：風險低的股票報酬反而高

以市場的漲跌比率為 X 軸，以投資組合的漲跌比率為 Y 軸，繪製 XY 散布圖，則系統風險β就是散布圖數據點的迴歸直線斜率 （圖 2-9）。以系統風險β選小來選股的年化報酬率，高於同期大盤，但它的平均持股數很少（約 3 檔），這使它年化報酬率最高的現象變得不可靠。

此外，其選股投資組合的系統風險很低，這是一個優點，也是合理的結果，因為股票的風險具有持續性。當然，部分原因是系統風險β以過去 250 天的日報酬率計算，一個月後的日報酬率仍有約 11／12 的日報酬率與原日報酬率重疊，由過去系統風險很低股票組成的投資組合，未來的系統風險自然也很低。因此，未來系統風險β很低這一點，有過度樂觀的問題。

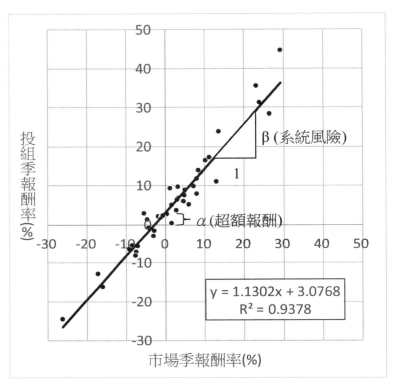

圖 2-9 系統風險β值是上述 XY 散布圖迴歸直線的斜率

資料來源：作者整理

⛰ 2-6 總結：獨木難撐大廈

本章採用以下七個選股因子回測

獲利因子：資產報酬率（ROA）（選大）、股東權益報酬率（ROE）（選大）、稅前淨利率（ROS）（選大）

價值因子：股價淨值比（PB）（選小）、近四季本益比（PE4）（選小）

慣性因子：股票月報酬率（R）（選大）

風險因子：系統風險β（選小）

回測結果顯示，三種獲利因子選股年化報酬率均低於大盤，只有 PB 與 beta 選股的年化報酬率優於同期大盤，但兩者都有平均持股數偏少的問題，造成流動性不足。甚至後者平均持股數太少，使得「年化報酬率優於同期大盤」的結果並不可靠。可見單一因子選股是很難擊敗大盤的。但分析中也發現，每種因子各有一些優點與缺點，以下三章將探討以加權評分法配合實驗計畫法，探索雙因子、三因子、四因子的選股績效。

為了讓讀者了解本章七個因子回測期間的全程績效，特繪製累積財富圖（圖 2-10 至 2-16），它的縱軸是累積財富，即假設從 1.0 元開始投資的投資組合現值。如果橫軸時間軸的末端累積財富為 1.8 元，代表累積報酬率為 80%。

圖 2-10 至 2-12 顯示，三種獲利因子選股在中期曾一度遠優於大盤，但因近年來表現不佳，最終不如大盤。

價值因子股價淨值比（PB）剛好相反（圖 2-13），在中期曾一度低於大盤，但因最近一年來表現極佳，最終反超越大盤。

慣性因子股票月報酬率（R）在全期的變化劇烈（圖 2-15），很不穩定。

風險因子 beta 選股的年化報酬率並非穩定優於同期大盤（圖 2-16），因最近一年來表現極佳，最終反超越大盤。

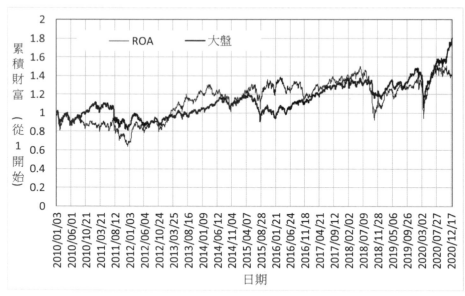

圖 2-10 資產報酬率（ROA）選股的累積財富　資料來源：作者整理

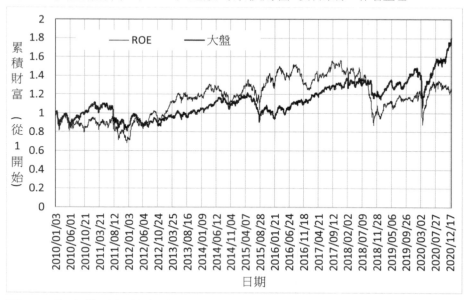

圖 2-11 股東權益報酬率（ROE）選股的累積財富　資料來源：作者整理

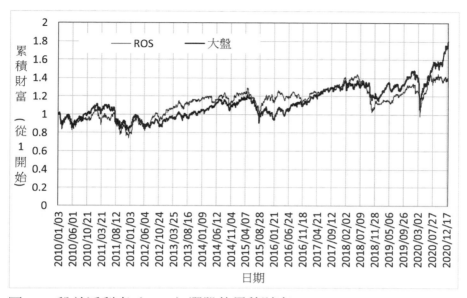

圖 2-12 稅前淨利率（ROS）選股的累積財富　資料來源：作者整理

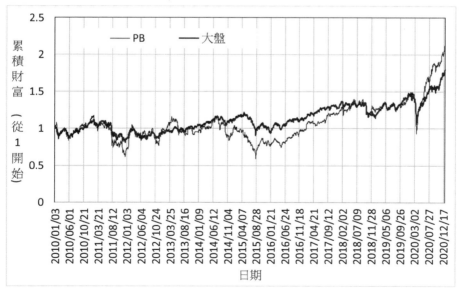

圖 2-13 股價淨值比（PB）選股的累積財富　資料來源：作者整理

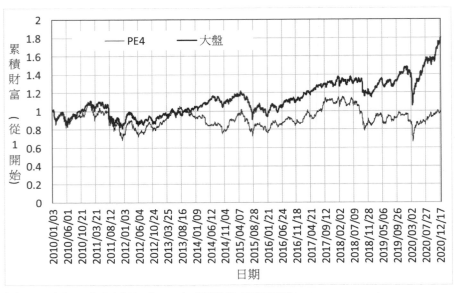

圖 2-14 近四季本益比（PE4）選股的累積財富 資料來源：作者整理

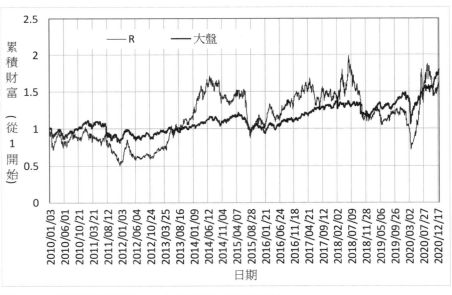

圖 2-15 股票月報酬率（R）選股的累積財富 資料來源：作者整理

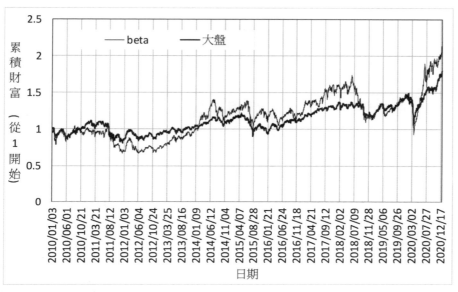

圖 2-16 系統風險β選股的累積財富　資料來源：作者整理

第3章

兩個指標選股最有效？
——結合價值因子與獲利因子效果佳

結合兩類選股因子確實有部分組合可以明顯提升投資績效，同時降低風險，特別是「獲利」（公司賺錢）與「價值」（股票便宜）這兩類因子具有顯著的「1＋1＞2」綜效。

⚞ 3-1 雙因子選股的績效

前一章的單因子回測結果顯示，單一因子選股是很難擊敗大盤的。但分析中也發現，每種因子各有一些優缺點，因此本章將探討以加權評分法配合實驗計畫法，探索雙因子選股模型的績效。

本章採用以下 9 個結合兩個異類因子的選股模型，因子權重採用等權，即各 1／2：

獲利因子＋價值因子：ROE-PB、ROA-PB、ROS-PB、ROE-PE4

獲利因子＋慣性因子：ROE-R

獲利因子＋風險因子：ROE-beta

價值因子＋慣性因子：PB-R

價值因子＋風險因子：PB-beta

慣性因子＋風險因子：R-beta

以及以下兩個結合兩個同類因子的選股模型：

獲利因子＋獲利因子：ROE-ROA

價值因子＋價值因子：PB-PE4

這裡採用同第二章介紹的回測方法，結果如圖 3-1 至 3-5。這段期間的大盤年化報酬率為 5.46%，分析如下：

年化報酬率

9 個結合兩個異類因子的選股模型年化報酬率，均比原單一因子大幅提升，其中 ROE-PE4 的綜效小。而兩個結合兩個同類因子的選股模型中，ROE-ROA 無綜效，PB-PE4 的綜效小。可見兩個異類因子可以用加權評分法結合成一個具有綜效的雙因子選股模型，而兩個同類因子的結合不產生綜效。另一個有趣的發現是兩個包含 PE4 的雙因子模型（ROE-PE4, PB-PE4）綜效小，一個可能的解釋是近四季本益比（PE4）經常被歸入價值因子，但實際上

本益比 P／E＝（P／B）／（E／B）＝PB／ROE

其中 P＝股價，E＝每股盈餘，B＝每股淨值。

因此 PE4 是一種同時具有價值面與獲利面的雙面因子，故無論它與獲利因子 ROE 或價值因子 PB 結合，都是有綜效，但綜效都不大。

年化報酬率標準差

含系統風險 beta 的雙因子模型年化報酬率標準差均較小，而含月報酬率者均較大。這個結果延續了單因子選股觀察到的現象。

系統風險

含系統風險 beta 雙因子模型的系統風險均較小，而含月報酬率者均較大。這個結果延續了單因子選股觀察到的現象，也跟上述年化報酬率之標準差觀察到的現象一致，並且更明顯。

平均持股數

含系統風險 beta 的雙因子模型的平均持股數較少，但 ROE-beta 雙因子模型例外，平均持股數不低。這是因為較大型的股票中，ROE 大、beta 小的股票並不少。其餘模型的平均持股數均在 15 檔股票左右，與預期的 30 檔的一半相符。

年交易成本

含月報酬率選股的雙因子模型年交易成本遠高於其他模型，這是因為每月選股一次，技術面的月報酬率變化快，因此加權評分法排名變化也較快，造成買賣頻率較高，年交易成本也跟著提高。

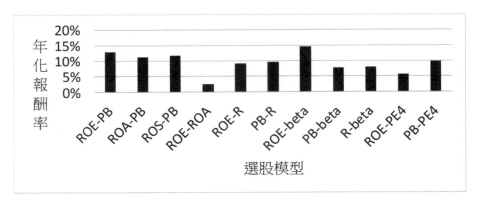

圖 3-1 雙因子選股的年化報酬率 資料來源：作者整理

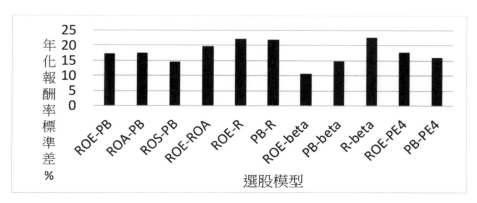

圖 3-2 雙因子選股年化報酬率標準差　資料來源：作者整理

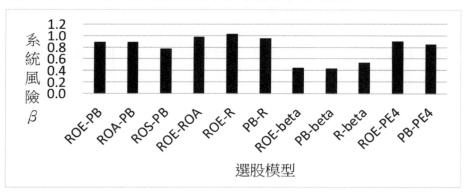

圖 3-3 雙因子選股的系統風險　資料來源：作者整理

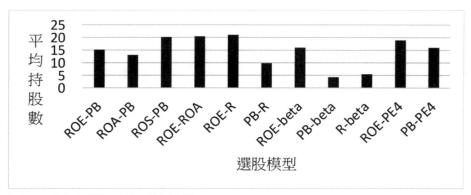

圖 3-4 雙因子選股的平均持股數　資料來源：作者整理

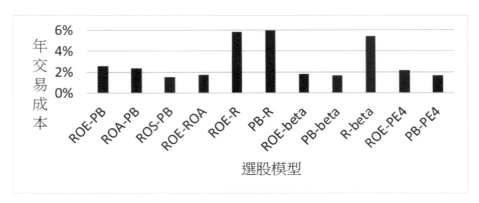

圖 3-5 雙因子選股的年交易成本　資料來源：作者整理

🔒 3-2 獲利因子＋價值因子：賺錢又便宜，具有選股綜效

　　三個結合獲利因子、價值因子的雙因子選股模型（ROE-PB、ROA-PB、ROS-PB）的年化報酬率，均比原單一因子大幅提升，呈現顯著的報酬綜效。為了解其報酬與風險，圖 3-6 與 3-7 展示 ROE-PB、ROA-PB 雙因子選股模型的風險與報酬圖，圖中橫軸為年化報酬率標準差，縱軸為年化報酬率（期望值）。圖 3-6 中的 ROE、ROE-PB、PB 三點分別代表（ROE 權重、Ｐ／Ｂ 權重）為（100%,0%）、（50%,50%）、（0%,100%）的 ROE-PB 雙因子選股模型，中間以曲線相連是因為權重與績效具有連續平滑變化的特性。這兩張圖顯示結合獲利因子、價值因子的雙因子選股模型，不但年化報酬率大幅提升，代表總風險之年化報酬標準差也小幅下降，可以說不但報酬具有大綜效，連風險都具有小綜效。因此「賺錢公司（ROE 選大）的便宜股票（Ｐ／Ｂ 選小）」具有卓越的選股綜效。

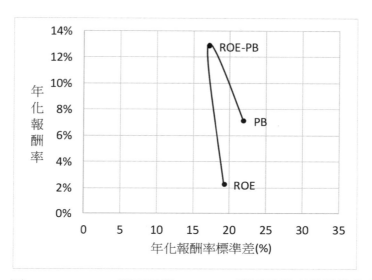

圖 3-6 ROE、PB 單因子與 ROE-PB 雙因子模型的風險與報酬

資料來源：作者整理

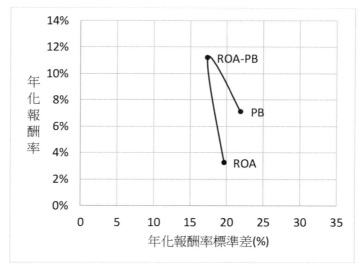

圖 3-7 ROA、PB 單因子與 ROA-PB 雙因子模型的風險與報酬

資料來源：作者整理

3-3 獲利因子＋獲利因子：觀點相重疊，不具選股綜效

結合兩個獲利因子的雙因子選股模型 ROE-ROA 的報酬與風險如圖 3-8，顯示其年化報酬率、年化報酬率標準差均十分相近，不具有綜效。這是因為 ROE 與 ROA 都是代表公司獲利能力的比率，ROA 乘以財務槓桿就得到 ROE，而一般企業的財務槓桿大多在 1.5～2.0，變化不大，因此 ROE 與 ROA 不但都是公司獲利能力的衡量指標，對獲利的觀點也十分相似。此外，以 ROE 或 ROA 選股的報酬率都不高，這是因為市場會給予高獲利公司較高的 P／B 與 P／E，即在股價上已經反映獲利能力，因此股票未來的報酬率未必較高。

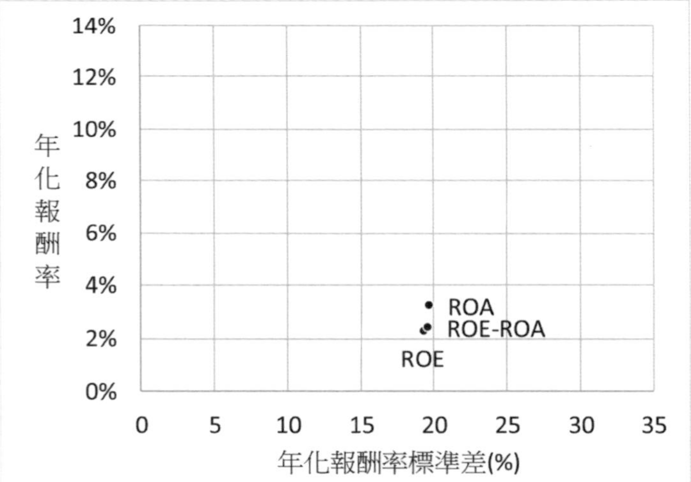

圖 3-8 ROE、ROA 單因子與 ROE-ROA 雙因子模型的風險與報酬

資料來源：作者整理

⛰ 3-4 加上近四季本益比：良師兼益友，一體兩面因子

結合近四季本益比 PE4 的兩個雙因子選股模型 ROE-PE4、PB-PE4 的報酬與風險如圖 3-9 與 3-10，顯示其年化報酬率均具有小幅的綜效。傳統上本益比因為分子是股價，因此被視為「價值因子」，因此預期異類因子結合的 ROE-PE4 應該有較佳的綜效；而同類因子結合的 PB-PE4 有較差綜效。上述兩張圖與預期不同。一個合理解釋是本益比的分子雖是股價，但分母是與公司獲利能力有關的每股盈餘，因此實際上，本益比應該被視為兼具「價值性」與「獲利性」的雙面因子。因此當 PE4 與價值因子 P／B 或獲利因子 ROE 結合，都有小幅的綜效。

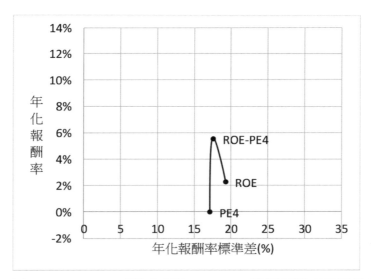

圖 3-9 ROE、PE4 單因子與 ROE-PE4 雙因子模型的風險與報酬

資料來源：作者整理

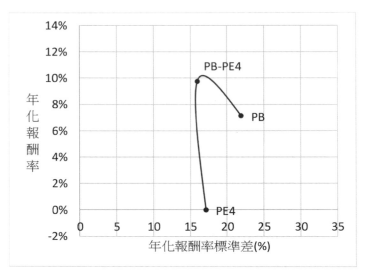

圖 3-10 PB、PE4 單因子與 PB-PE4 雙因子模型的風險與報酬

資料來源：作者整理

📈 3-5 加上趨勢因子：見機當行事，掌握起飛時間點

結合月報酬率 R 的兩個雙因子選股模型 ROE-R、PB-R 報酬與風險如圖 3-11 與 3-12，顯示其年化報酬率均具有小幅綜效。由於人類普遍有從眾心理，也就是「羊群效應」，當某一股票已經上漲一段時間，市場投資人會對這檔股票產生主觀的樂觀心理感知，傾向買入，造成股價進一步上漲，使報酬率產生慣性效應，這種主觀的心理感知是「趨勢投資」的核心。

相對的，ROE 選大、PB 選小，代表財務原理對個股內在價值的客觀評估，這種基於股價、盈餘與淨值產生的價值效應，是「價值投資」的核心。ROE-R、PB-R 雙因子選股模型結合了「趨勢投資」的核心與部分「價值投資」的核心，因此產生了可觀的綜效。

另一種觀點是「價值投資」可以找出價值高（即本質好）的股票，但如果市場不認同，也只能孤芳自賞。而「趨勢投資」可以找出市場認同的明星

（熱門的）股票，但如果價值低、本質差，終將高處不勝寒而後繼無力。因此，「月報酬率高」可以視為趨勢投資的「市場認同」信號彈，ROE 大或 P ／B 小，則是價值投資的「內在價值」保證書。兩者結合，上漲趨勢將有機會持續更久。

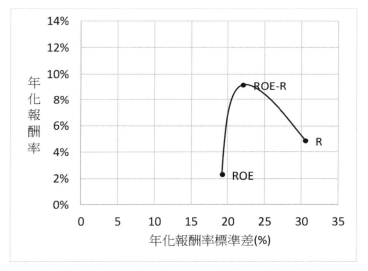

圖 3-11 ROE、R 單因子與 ROE-R 雙因子模型的風險與報酬

資料來源：作者整理

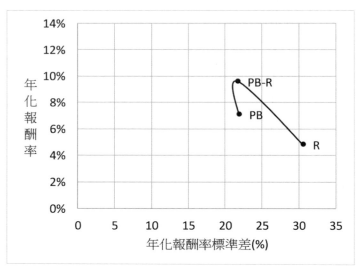

圖 3-12 PB、R 單因子與 PB-R 雙因子模型的風險與報酬

資料來源：作者整理

📊 3-6 加上風險因子：行穩能致遠，結合獲利有綜效

　　結合系統風險 beta 的三個雙因子選股模型 ROE-beta、PB-beta、R-beta 中，只有 ROE-beta 的年化報酬率具有綜效，其報酬與風險如圖 3-13，顯示不但年化報酬率大幅提升，代表總風險之年化報酬率標準差也大幅下降，可說不但報酬具有綜效，連風險都具有綜效。

　　一個可能的解釋是 ROE 大代表企業當前的獲利能力高，而 beta 小通常代表企業的經營環境或獲利能力穩定，因此當企業獲利能力高，配合獲利能力穩定，則高獲利能力、高持續性的結合，使得企業的內在價值持續提高，因此股票未來的報酬率也跟著提高。

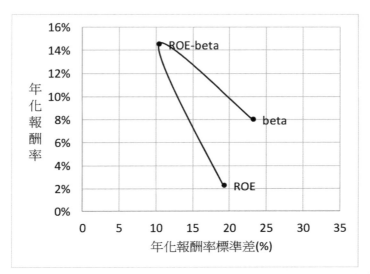

圖 3-13 ROE、PB 單因子與 ROE-PB 雙因子模型的風險與報酬

資料來源：作者整理

⚐ 3-7 總結：異類因子才能有 1＋1＞2 的綜效

為了讓讀者了解本章雙因子模型回測期間的全程績效，特繪製表現較佳的四個模型 ROE-PB、ROE-R、PB-R、ROE-beta 的累積財富圖如圖 3-14 至 3-17。由圖可知

ROE-PB：回測期間全程績效穩健。

ROE-R：2018 年以前表現極佳，但後兩年表現不好。

PB-R：回測期間全程績效不夠穩健。

ROE-beta：2014 年以前表現極佳，後半段表現普通。

總體而言，ROE-PB 是績效最穩健的雙因子選股模型，顯示獲利因子與價值因子的綜效具有穩健性。

投資人經常有一個疑問：投資股票應該以公司賺錢，還是以股價便宜為主？從以上的實證顯示，或許該說：只有小孩才做選擇，我全都要。投資股票應該結合獲利面、價值面，兩者相輔相成，方可發揮「1＋1＞2」的綜效。正如同市場上有 A、B 兩款疫苗，打一劑 A 一劑 B 的防疫保護力，可能高於打兩劑 A 或兩劑 B 的效果，這就是綜效。

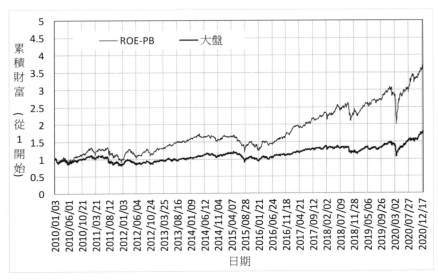

圖 3-14 ROE-PB 選股的累積財富

資料來源：作者整理

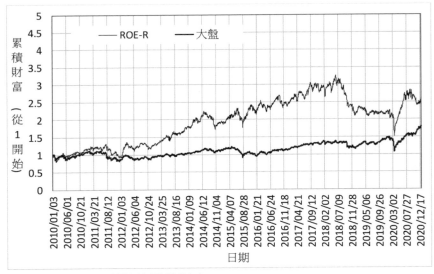

圖 3-15 ROE-R 選股的累積財富

資料來源：作者整理

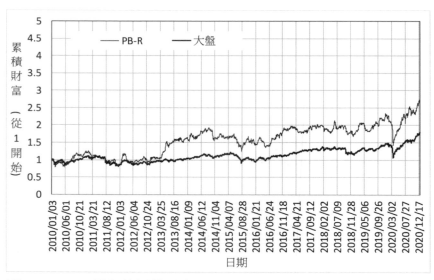

圖 3-16 PB-R 選股的累積財富

資料來源：作者整理

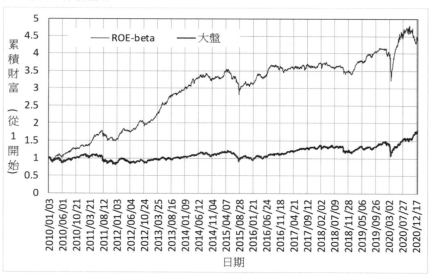

圖 3-17 ROE-beta 選股的累積財富

資料來源：作者整理

三個指標最有效
——價值因子＋獲利因子＋ 股價已經開始上漲，績效驚人

　　結合「獲利」與「價值」這兩類因子後，再結合「慣性」因子還可以進一步提高選股績效。前者是基於價值投資理念（賺錢公司的便宜股票），後者是基於趨勢投資理念（最近受市場追捧的明星股票），三者結合有顯著「1＋1＋1＞3」的綜效。

📈 4-1 三因子選股的績效

　　前一章的雙因子回測結果顯示，許多結合兩個異類因子的選股模型可以擊敗大盤。由於因子分成四類，因此本章將繼續探討以加權評分法配合實驗計畫法，探索結合三個異類因子選股模型的績效。

　　本章採用以下 4 個結合三個異因子的選股模型，因子權重採用等權，即各 1／3：

獲利因子＋價值因子＋慣性因子：ROE-PB-R

獲利因子＋價值因子＋風險因子：ROE-PB-beta

獲利因子＋慣性因子＋風險因子：ROE-R-beta

價值因子＋慣性因子＋風險因子：PB-R-beta

結果發現「獲利因子＋價值因子＋慣性因子」（ROE-PB-R）三因子選股模型的績效遠高於另外三個模型，因此又增加三個 ROE-PB-R，但權重不再是等權的三因子模型：

ROE-PB-R（1-1-2）

ROE-PB-R（1-2-1）

ROE-PB-R（2-1-1）

以上括號內為獲利因子（ROE）、價值因子（PB）、慣性因子（R）的相對權重，例如 1-1-2 即 1:1:2，權重為 25%、25%、50%。

這裡採用同第二章介紹的回測方法，結果如圖 4-1 至 4-5。這段期間的大盤年化報酬率為 5.46%，分析如下：

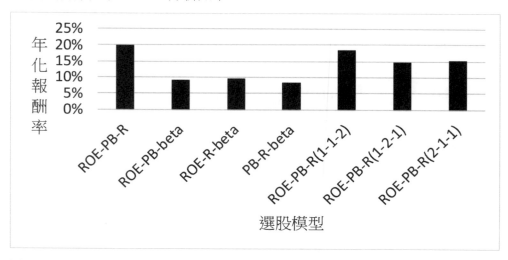

圖 4-1 三因子選股的年化報酬率　資料來源：作者整理

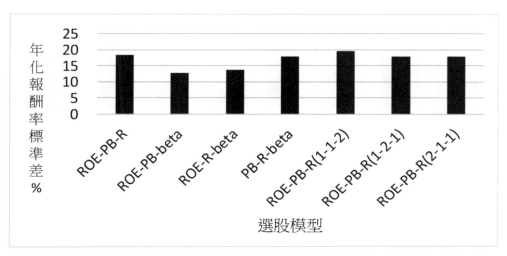

圖 4-2 三因子選股的年化報酬率標準差　資料來源：作者整理

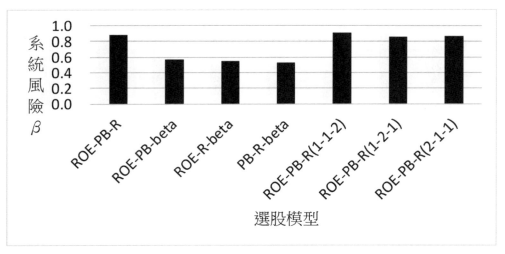

圖 4-3 三因子選股的系統風險　資料來源：作者整理

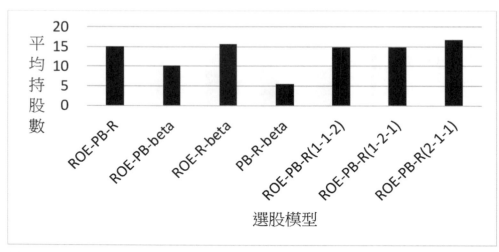

圖 4-4 三因子選股的平均持股數　資料來源：作者整理

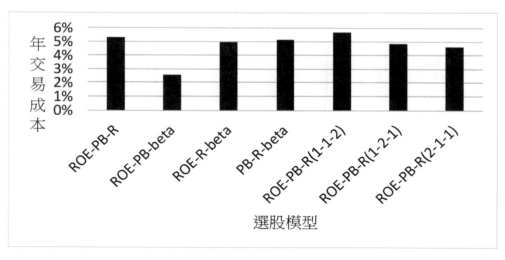

圖 4-5 三因子選股的年交易成本　資料來源：作者整理

年化報酬率

為了讓讀者了解因子之間的綜效，圖 4-6 將獲利、價值、慣性、風險四個單因子模型的權重，依照第一章提到實驗計畫法的配方坐標系，繪於四因子角錐的四個角落，並標出年化報酬率（％）。圖 4-7 將本章三因子模型的權重，依照配方坐標系繪於三因子三角形平面的中央，並標出年化報酬率（％）。圖 4-7 可視為圖 4-6 四個方向的投影，例如由上向下投影可以產生 ROE-PB-R 三因子三角形平面，另外三個側面投影可以產生 ROE-PB-beta、ROE-R-beta、PB-R-beta 三個三因子三角形平面。可以清楚發現，「獲利因子＋價值因子＋慣性因子」（ROE-PB-R）三因子選股模型的績效，遠高於另外三個因子組成不同的模型，年化報酬率高達 19.9%。

可能的解釋是：獲利因子、價值因子、慣性因子，三個因子組成的雙因子模型時，都展現了不錯的綜效，加入第三個因子後更是如虎添翼。此時，以風險因子替代其中任一個因子，都會使獲利、價值、慣性三因子的綜效降低。而另外三個因子組成相同但權重不同的模型績效也很好，但都略低於等權模型。顯示等權 ROE-PB-R 三因子選股模型權重，已是最佳權重組合了。

年化報酬率標準差

含系統風險 beta 三因子模型的年化報酬率標準差均較小。這個結果延續了單因子選股觀察到的現象。

系統風險

含系統風險 beta 三因子模型的系統風險均較小。這個結果延續了單因子選股觀察到的現象，也跟上述年化報酬率標準差的現象一致，並且更明顯。

平均持股數

含 PB 與 beta 的兩個三因子模型 ROE-PB-beta 與 PB-R-beta 平均持股數較少，分別只有 10 檔與 5 檔左右，其餘模型的平均持股數均在 15 檔股票左右，與預期 30 檔的一半相符。一個可能的解釋是：選股池只包含市值較高一

半的股票，這種股票的 P／B 與系統風險 beta 較高，因此加權評分法排名最佳的前 30 檔股票中，分別只占 10 檔與 5 檔左右股票。

年交易成本

只有 ROE-PB-beta 三因子模型的年交易成本遠低於其他模型，這是因為只有此模型不含月報酬率 R。由於模型是每月選股一次，技術面的月報酬率變化快，因此含月報酬率 R 的三因子模型，加權評分法排名變化也較快，造成買賣頻率較高，年交易成本也跟著較高。

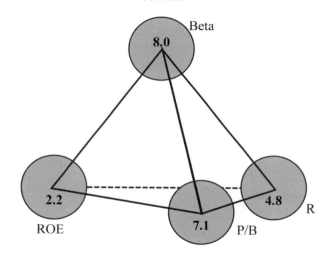

圖 4-6 四因子角錐：年化報酬率（％） 資料來源：作者整理

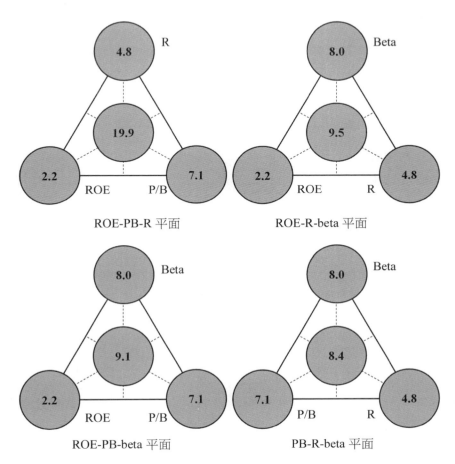

圖 4-7 三因子三角形平面：年化報酬率（％）　資料來源：作者整理

📊 4-2 獲利、價值、慣性三因子：綜效強大的三劍客

上一節已經證明「獲利因子＋價值因子＋慣性因子」（ROE-PB-R）三因子選股模型的年化報酬率高達 19.9%，遠高於另外三個因子組成不同的模型。可能的解釋是：

1.ROE 選大、PB 選小代表財務原理對個股內在價值的客觀評估，這種

基於股價、盈餘與淨值產生的價值效應，是「價值投資」的核心。

　　2.月報酬率 R 代表市場投資人目前對個股市場氛圍的主觀感知，這種基於從眾心理產生的慣性效應，是「趨勢投資」的核心。

　　3.ROE-PB-R 三因子選股模型結合了「趨勢投資」與「價值投資」的核心，因此產生了可觀的綜效。

　　為了讓讀者了解 ROE-PB-R 三因子選股模型回測期間的全程績效，特繪製累積財富圖 4-8。從 2010／1～2020／12 共 11 年期間，累積財富從 1 元穩定累積到超過 7.4 元。只有在 2020／3 因新冠疫情在美國傳開，全球股市急跌，累積財富從 5.5 元急跌到 3.7 元。可見它在回測期間全程績效穩健，這顯示獲利、價值、慣性三因子的綜效具有穩健性。

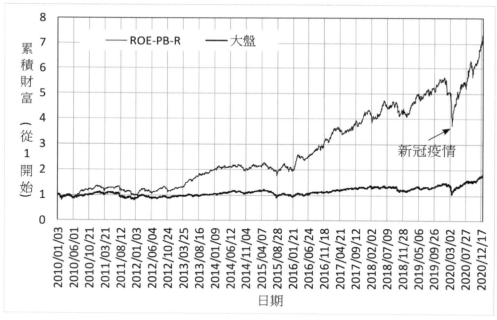

圖 4-8 ROE-PB-R 選股的累積財富　資料來源：作者整理

ᨑ 4-3 因子權重的影響：相等權重的績效最佳

由於發現「獲利因子＋價值因子＋慣性因子」（ROE-PB-R）三因子選股模型的績效遠高於另外三個模型，因此本章又增加三個 ROE-PB-R，但權重不再是等權的三因子模型。為了讓讀者了解因子權重組合與績效之間的關係，圖 4-9 至 4-13 將獲利、價值、慣性三因子模型的權重，依照第一章提到實驗計畫法的配方坐標系，繪於三因子三角形平面上，並標出各種績效指標。其中

角落：為三個單因子模型。

邊緣中央：為三個雙因子模型。

平面內部：中心為一個等權三因子模型（1／3, 1／3, 1／3），圍繞中心有三個非等權三因子模型，權重分別為（1／2, 1／4, 1／4）、（1／4, 1／2, 1／4）、（1／4, 1／4, 1／2）。

解析如下：

年化報酬率

可以清楚發現，角落的三個單因子模型報酬最低，邊緣中央的三個雙因子模型高一些，圍繞中心的三個非等權三因子模型再高一些，位於三角形中心的等權三因子模型（1／3, 1／3, 1／3）最高，年化報酬率高達 19.9%，形成有規律有系統的變化。這張圖告訴投資人，用單因子選股很難擊敗大盤，但異類因子結合的雙因子可以產生綜效，異類因子結合的三因子還可把綜效進一步提升。此外，三個因子組成相同但權重不同的模型績效也很好，但都略低於等權的模型。顯示等權 ROE-PB-R 三因子選股模型權重，已經很接近最佳權重組合了。

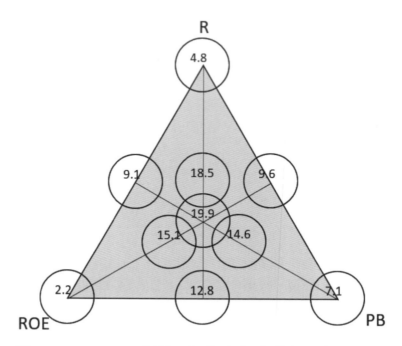

圖 4-9 ROE-PB-R 三因子三角形平面：年化報酬率（%）

資料來源：作者整理

年化報酬率標準差

　　這裡可以清楚發現，角落的三個單因子模型風險最高，邊緣中央的三個雙因子模型低一些，圍繞中心的三個非等權三因子模型再低一些，位於三角形中心的等權三因子模型（1／3, 1／3, 1／3）風險接近最低，年化報酬率標準差 18.2%，形成有規律有系統的變化。雖然三角形邊緣中央的雙因子模型 ROE-R 與 PB-R，風險沒有明顯低於兩端的單因子模型，但遠低於兩端的單因子模型平均值，因此仍有明顯降低風險的綜效。這張圖告訴投資人，從單因子、雙因子到三因子，異類因子結合，不但可以產生報酬綜效，還可以產生風險綜效，也就是降低風險。

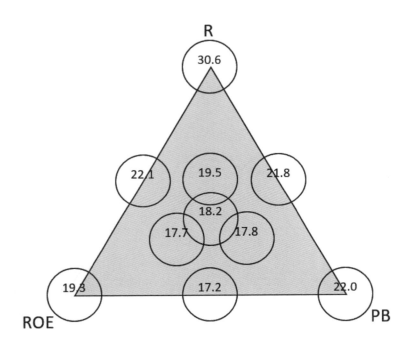

圖 4-10 ROE-PB-R 三因子三角形平面：年化報酬率標準差（％）

資料來源：作者整理

系統風險

系統風險的情況與年化報酬率標準差十分相似，畢竟後者是投資組合的總風險，包含了系統風險與非系統風險。從單因子、雙因子到三因子，異類因子結合不但可以產生報酬綜效，還可以產生降低系統風險的綜效。

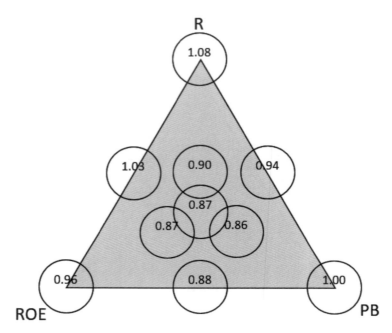

圖 4-11 ROE-PB-R 三因子三角形平面：系統風險

資料來源：作者整理

平均持股數

　　為了使投資組合能消除非系統風險，以及交易時有較佳的流動性，選股模型的平均持股數不宜太低。本書的選股模型雖然採用加權評分法排名最佳的前 30 檔股票，但有「市值前 50%」的限制，因此各模型的平均持股並不會是 30 檔，30 檔是一個上限。因為市值取前 50%，因此理論上平均持股數應該是 30 檔的一半，即 15 檔，但實際上可能高於或低於這個數字。

　　由圖 4-12 可以清楚發現，角落的三個單因子模型中，ROE 的平均持股數大於 15 檔，而 PB 與 R 都小於 15 檔，這代表市值前 50%的股票有 ROE 偏大、PB 偏大與 R 偏小的特性。邊緣中央的三個雙因子模型雖然平均持股數沒有高於兩端的單因子模型，但高於兩端單因子模型的平均值，因此仍有明

顯提高平均持股數，即流動性的綜效。三角形內部四個三因子模型的平均持股數都在 15 檔左右，形成略有規律的變化。這張圖告訴投資人，從單因子、雙因子到三因子，異類因子結合不但可以產生報酬綜效，還可以產生提高平均持股數的綜效。

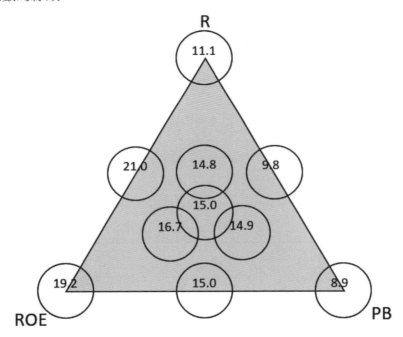

圖 4-12 ROE-PB-R 三因子三角形平面：平均持股數
資料來源：作者整理

年交易成本

由圖 4-13 可以清楚發現，角落的三個單因子模型中，R 的年交易成本明顯較高，這是因為月報酬率變化快，因此加權評分法排名變化也較快，造成買賣頻率較高，年交易成本也跟著較高。邊緣中央的三個雙因子模型交易成本明顯較高。三角形內部的四個三因子模型的年交易成本都在 5%左右。雖然因子越多，年交易成本越高，但因為年化報酬率也越高，而且此報酬率已

經扣除交易成本的結果，因此多因子的綜效仍可提升投資人的實質報酬率，故較高的年交易成本對投資人而言，是可以接受的。

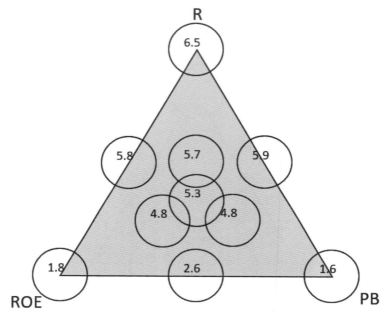

圖 4-13 ROE-PB-R 三因子三角形平面：年交易成本（%）

資料來源：作者整理

　　為了讓讀者了解三因子模型的綜效，圖 4-14～圖 4-17 展示 ROE-PB-R 三因子選股模型的風險與報酬圖，圖中橫軸為年化報酬率標準差，縱軸為年化報酬率（期望值）。

　　圖 4-14 中的 ROE、PB、R 三點分別代表（ROE 權重，P／B 權重，R 權重）為（100%,0%,0%）、（0%,100%,0%）、（0%,0%,100%）的單因子選股模型，ROE-PB、ROE-R 兩點分別代表權重為（50%,50%,0%）、（50%,0%,50%）的雙因子選股模型。ROE-PB、ROE-R 兩者以等權加權下，其組合為（50%, 25%, 25%），即圖中的（2-1-1）三因子選股模型。中間以曲線相連，是因為權重與績效具有連續平滑變化的特性。

　　這張圖顯示結合獲利、價值因子，以及結合獲利、慣性因子的雙因子選股模型不但年化報酬率大幅提升，代表總風險之年化報酬率標準差也小幅下降，可以說不但報酬具有大綜效，連風險都具有小綜效。兩者以等權加權產生的權重（50%, 25%, 25%）三因子選股模型還可以進一步提升報酬，具有報酬綜效。

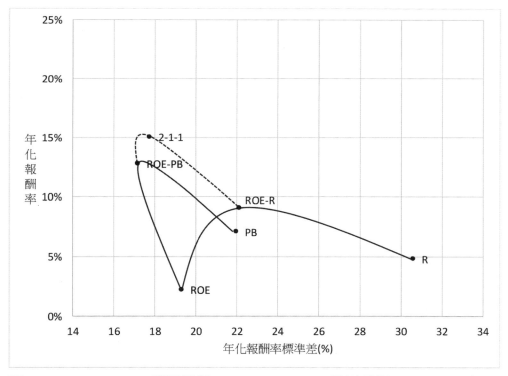

圖 4-14 ROE、PB、R 單因子與 ROE-PB、ROE-R 雙因子與 ROE-PB-R（2-1-1）模型的風險與報酬 資料來源：作者整理

　　圖 4-15 中的 ROE-PB、PB-R 兩點分別代表權重為（50%,50%,0%）、（0%,50%,50%）的雙因子選股模型。兩者以等權加權下，其組合為（25%, 50%, 25%），即圖中的（1-2-1）三因子選股模型。這張圖顯示結合獲利、價值因子，以及結合價值、慣性因子的雙因子選股模型不但報酬具有大綜效，

連風險都具有小綜效。兩者以等權加權產生的三因子選股模型，還可以進一步提升報酬，具有報酬綜效。

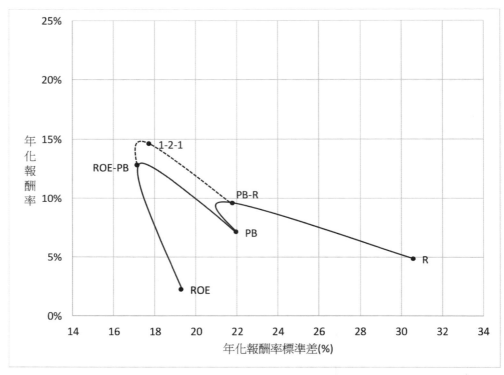

圖 4-15 ROE、PB、R 單因子與 ROE-PB、PB-R 雙因子與 ROE-PB-R（1-2-1）模型的風險與報酬 資料來源：作者整理

　　圖 4-16 中的 ROE-R、PB-R 兩點分別代表權重為（50%,0%,50%）、（0%,50%,50%）的雙因子選股模型。兩者以等權加權下，其組合為（25%, 25%, 50%），即圖中的（1-1-2）三因子選股模型。這張圖顯示結合獲利、慣性因子，以及結合價值、慣性因子的雙因子選股模型報酬具有綜效。兩者以等權加權產生的三因子選股模型，還可以進一步提升報酬、降低風險，具有報酬綜效與風險綜效。

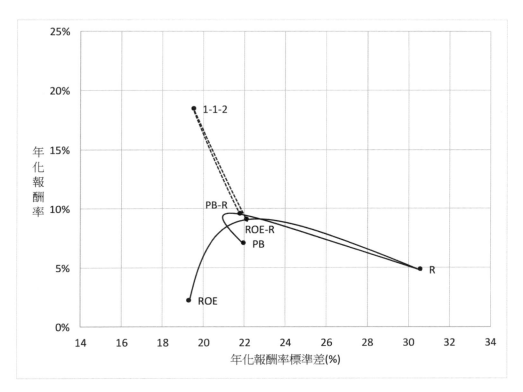

圖 4-16 ROE、PB、R 單因子與 ROE-R、PB-R 雙因子與 ROE-PB-R（1-1-2）
模型的風險與報酬 資料來源：作者整理

　　圖 4-17 為上面三張圖的綜合，但為了避免圖面太複雜，沒有標出連接
PB、PB-R、R 三點的平滑。圖中 ROE-PB-R 代表等權，即權重為（1／3,1／
3,1／3）的三因子選股模型。這張圖顯示結合兩個單因子為一個雙因子選股
模型，以及結合兩個雙因子為一個三因子選股模型提升報酬、降低風險的過
程，即報酬綜效與風險綜效的產生過程。ROE-PB-R 等權三因子選股模型，
可以視為（1-1-2）（1-2-1）（2-1-1）三個「非等權」三因子選股模型的「等
權」加權綜合體，它還可以進一步提升報酬，具有報酬綜效。

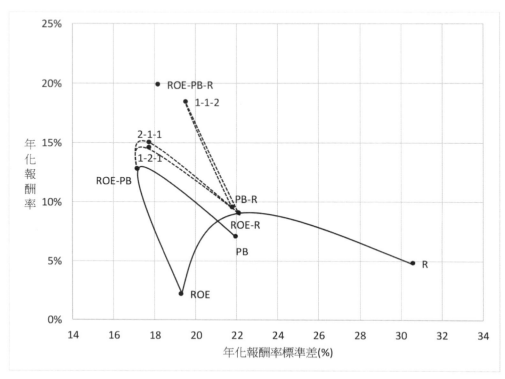

圖 4-17 ROE、PB、R 單因子與 ROE-PB、ROE-R 雙因子與 ROE-PB-R（2-1-1）（1-2-1）（1-1-2）（1-1-1）模型的風險與報酬 資料來源：作者整理

📖 4-4 慣性長短的影響：前月報酬率績效最佳

前面各節已經證實「獲利因子＋價值因子＋慣性因子」（ROE-PB-R）三因子選股模型的績效很好，年化報酬率高達 19.9%。此外，三個因子組成相同但權重不同的模型績效也很好，但都略低於等權的模型。顯示等權 ROE-PB-R 三因子選股模型權重，已經很接近最佳權重組合了。

ROE-PB-R 三因子選股模型中的慣性因子是採用前一個月的股票月報酬率，為了比較，本節將改用前一周的股票周報酬率、前一季的股票季報酬

率。此外，也考慮改用日股價大於月移動平均線當成限制，取代前一個月的股票月報酬率（選大）加權評分因子，也就是只用 ROE 與 PB 當成加權評分的因子。為了比較，也使用日股價小於月移動平均線當成限制。無論把慣性因子當成加權評分的因子，或以移動平均線交叉當成限制，基本上都是「**趨勢投資**」的體現。

這裡採用同第二章介紹的回測方法，結果如圖 4-18 至 4-22。這段期間的大盤年化報酬率為 5.46%，分析如下：

年化報酬率

1.原本股票月報酬率已經是最好的慣性因子，其表現優於以股票周或季報酬率做為慣性因子。

2.改用日股價大於月移動平均線當成限制效果，不如把慣性因子當成加權評分的一個因子。

3.日股價大於月移動平均線當成限制，優於以小於當成限制。可見即使以移動平均線當成限制，仍然有助於以 ROE 與 PB 當成加權評分的因子選股模型，**趨勢投資配合價值投資具有綜效**。

年化報酬率標準差

五種模型的年化報酬率標準差差異很小，以移動平均線當成限制的兩個模型略高一些。

系統風險：五種模型的系統風險差異很小，以移動平均線當成限制的兩個模型略低一些。

平均持股數：三個把慣性因子當成加權評分因子的模型都在 15 檔左右，以移動平均線當成限制的兩個模型明顯較少，少於 8 檔。

年交易成本：三個把慣性因子當成加權評分因子的模型年交易成本，由小到大依序是季報酬率、月報酬率、周報酬率，以移動平均線當成限制的兩個模型介於其中。

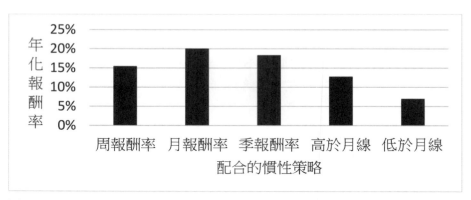

圖 4-18 三因子選股的年化報酬率 資料來源：作者整理

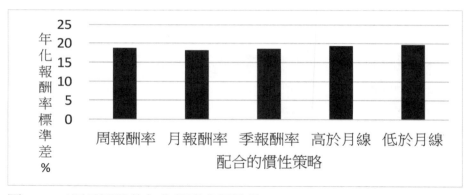

圖 4-19 三因子選股的年化報酬率標準差 資料來源：作者整理

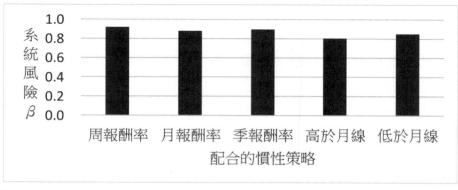

圖 4-20 三因子選股的系統風險 資料來源：作者整理

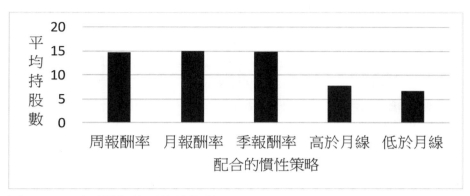

圖 4-21 三因子選股的平均持股數　資料來源：作者整理

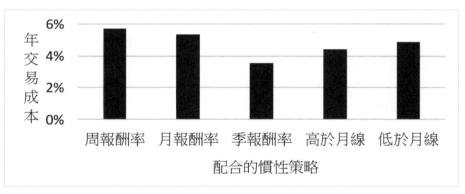

圖 4-22 三因子選股的年交易成本　資料來源：作者整理

⚹ 4-5 風險因子的影響：風險與報酬都降低

前面各節已經證實「獲利因子＋價值因子＋慣性因子」（ROE-PB-R）三因子選股模型的績效很好，此時，以風險因子替代其中任一個因子都會使獲利、價值、慣性三因子的綜效消失。

為了讓讀者了解風險因子的影響，圖 4-23（年化報酬率）與圖 4-24（系統風險）將各選股模型依照其獲利、價值、慣性、風險四個因子的權重，以第一章提到的實驗計畫法配方坐標系繪圖。由於這次繪圖重點是觀察風險因

子的影響，因此以由上向下的視角觀察，產生的三角形的頂點代表 ROE、PB、R 三個單因子模型，三角形的中心點則代表 beta 單因子模型頂點。左上、右上、下方三個三角形，分別是 ROE、PB、R、beta 四因子角錐的三個側面：ROE-PB-beta、ROE-R-beta、PB-R-beta 三角形平面的投影。6 個邊線中點代表 ROE、PB、R、beta 四個因子組成的雙因子模型，三個側面三角形的中心點代表 ROE-PB-beta、ROE-R-beta、PB-R-beta 三個三因子模型。

三因子模型的年化報酬率

圖 4-23（年化報酬率）可以發現幾個有趣的現象：

1.獲利因子 ROE 無論與價值因子 PB、慣性因子 R、風險因子 beta 組成雙因子模型都有很高的報酬綜效。特別是與風險因子 beta 組成的雙因子模型，年化報酬率高達 14.5%。一個可能的解釋是：ROE 高代表企業當前的獲利能力水準高，風險因子 beta 小代表企業的經營環境穩定。兩者組成的雙因子模型選出的個股具有獲利能力水準高、持續性強的特性，這不正是巴菲特眼中好股票的標準嗎？

2.價值因子 PB 與獲利因子 ROE、慣性因子 R 組成雙因子模型，都有很高的報酬綜效，但與風險因子 beta 組成者無明顯的報酬綜效。一個可能的解釋是：PB 低代表股票當前評價低，背後原因可能是企業當前的獲利能力水準低，也可能企業當前有利空因素。如果是前者，則 PB 低是股票基本面的合理反映，股價並未被低估。如果是後者，則 PB 低有可能是市場消息面的非理性反應，股價可能被低估。而風險因子 beta 小，代表企業的經營環境穩定，獲利能力的持續性強。因此兩者組成的雙因子模型選出個股股價被低估的可能性不高，報酬率自然不高。

3.慣性因子 R 與獲利因子 ROE、價值因子 PB、風險因子 beta 組成雙因子模型都有很高的報酬綜效。特別是與獲利因子 ROE 組成的雙因子模型，年化報酬率遠比兩個單因子的平均值高。一個可能的解釋是：ROE 高代表企業當前的獲利能力水準高，特別是當企業獲利能力改善之初，股票市場當前評

價如果能即時反應，則股價應提升，報酬率高。但如果市場疑慮、猶豫或忽略這個訊息，則 ROE 高只是孤芳自賞。而近期股票報酬率高，背後原因可能是市場已經發現、認同這個訊息，即時反應，導致股價提升，報酬率變高。因此獲利因子與慣性因子的關係猶如乾柴與烈火，兩者碰撞在一起，自然越燒越旺。

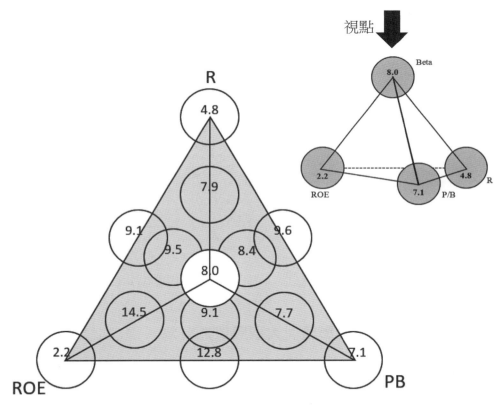

圖 4-23 ROE-PB-R 三因子三角形平面：年化報酬率（％） 資料來源：作者整理

　　圖 4-24（系統風險）也可以清楚發現一個有趣的現象：三角形最外圈是 ROE、PB、R 的單因子模型，以及它們組成的雙因子模型，系統風險在 0.9～1.1。圍繞三角形中心點的六個模型是含風險因子的雙因子、三因子模型，系統風險在 0.4～0.6，三角形中心點是風險因子的單因子模型，系統風

險低到 0.08，形成有規律的變化。顯示以加權評分法選股時，採用風險因子為評分因子之一，可以降低系統風險。風險因子的評分權重越大，系統風險愈低。

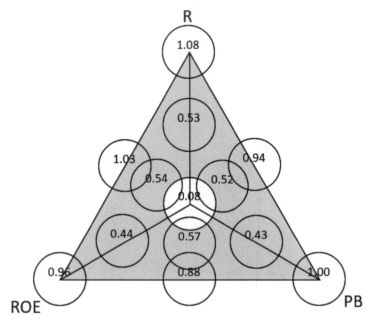

圖 4-24 ROE-PB-R 三因子三角形平面：系統風險　資料來源：作者整理

📈 4-6 股票市值的影響：大型股依然有效

　　前面各節已經證實，在買入規則為買入「市值前 50%」且「加權評分法排名在前 30 名」的股票之下，「獲利因子＋價值因子＋慣性因子」（ROE-PB-R）三因子選股模型有很高的年化報酬率、合理可接受的年化報酬率標準差與系統風險、適當的平均持股數（約 15 檔），以及可接受的年交易成本。

　　然而對於擁有大量資金的投資人而言，市值前 50% 的公司市值門檻約 30～40 億元，雖然選出 15 檔股票，買賣時的流動性可能仍不足，因此本節把買入規則改為買入「市值前 20%」且「加權評分法排名在前 30 名」的股

票，其餘回測方法同第二章，結果如圖 4-25 至 4-29。這段期間的大盤年化報酬率為 5.46%，分析如下：

年化報酬率

圖 4-25「大型股」指市值前 20%股票，「中大型股」指前 50%股票，可以清楚發現除了權重組合（1-1-2）的模型之外，「大型股」報酬率略低於原來的「中大型股」。市值門檻提高確實會降低報酬率，但降幅不大。等權的 ROE-PB-R 三因子模型在「大型股」的限制下，年化報酬率仍高達 17.5%。

年化報酬率標準差

在「大型股」的限制下，四種模型的年化報酬率標準差差異不大（20%～23%），與在「中大型股」的限制下比較（18%～20%），略高一些。

系統風險

在「大型股」的限制下，四種模型的系統風險差異很小（0.8～0.9），與在「中大型股」的限制下比較（0.8～0.9），差異也不大。

平均持股數

在「大型股」的限制下，四種模型的平均持股數差異很小（約 6 檔），與在「中大型股」的限制下比較（15 檔），差異不小。但這個差異很正常，因為前者限制市值前 20%股票，後者為前 50%股票，前者可選的股票只有後者 2／5，因此平均持股數只有約 6 檔十分合理。雖然股數較少，但都是大型股，流動性不至於太低。

年交易成本

在「大型股」的限制下，四種模型的年交易成本差異很小（5%～5.5%），與在「中大型股」的限制下比較（4.5%～5.5%），差異也不大。

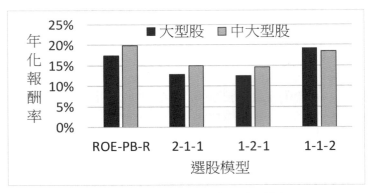

圖 4-25 ROE-PB-R 三因子選股的年化報酬率 資料來源：作者整理

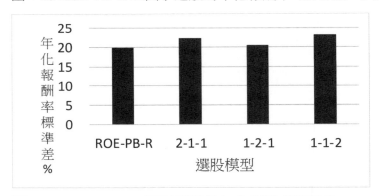

圖 4-26 ROE-PB-R 三因子選股的年化報酬率標準差 資料來源：作者整理

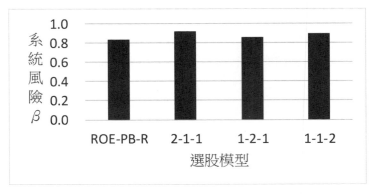

圖 4-27 ROE-PB-R 三因子選股的系統風險 資料來源：作者整理

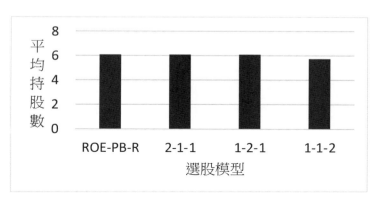

圖 4-28 ROE-PB-R 三因子選股的平均持股數 資料來源：作者整理

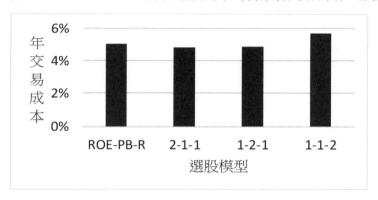

圖 4-29 ROE-PB-R 三因子選股的年交易成本 資料來源：作者整理

　　為了讓讀者了解 ROE-PB-R 三因子選股模型，在「大型股」的限制下回測期間的全程績效，特繪製累積財富圖如圖 4-30。從 2010／1～2020／12 共 11 年期間，累積財富從 1 元穩定累積到超過 5.8 元。漲幅集中在 2013／3～2014／6、2016／1～2018／1、2020／3～2020／12 三段。和本章開頭的在「中大型股」的限制下相較，穩健性略差；但整體而言，獲利、價值、慣性三因子的綜效，在「大型股」的限制下，仍然具有穩健性。

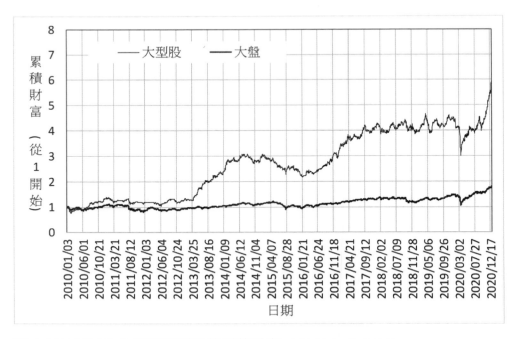

圖 4-30 ROE-PB-R 三因子選股的累積財富 資料來源：作者整理

📈 4-7 交易周期的影響：每季交易仍有效

前面各節已經證實，「獲利因子＋價值因子＋慣性因子」（ROE-PB-R）三因子選股模型有很高的年化報酬率。交易周期為每個月的第一個交易日。然而對於某些偏好較長交易周期的投資人而言，每月交易一次過於頻繁。因此本節把交易周期改為每 60 個交易日，即大約每季交易一次，其餘回測方法同第二章，結果如圖 4-31 至 4-35。這段期間的大盤年化報酬率為5.46%，分析如下：

年化報酬率

圖 4-31 指出，現除了權重組合（1-2-1）的模型之外，「每 60 個交易日交易一次」報酬率低於原來的「每月交易一次」。拉長交易周期確實會降低

報酬率，且降幅不小。等權的 ROE-PB-R 三因子模型在「每 60 個交易日交易一次」下，年化報酬率從 19.9%降為 13.5%。

年化報酬率標準差

在「每 60 個交易日交易一次」下，四種模型的年化報酬率標準差差異不大（18%～20%），與在「每月交易一次」的限制下比較（18%～20%），差異也不大。

系統風險

在「每 60 個交易日交易一次」下，四種模型的系統風險差異很小（0.9左右），與在「每月交易一次」的限制下比較（0.8～0.9），差異也不大。

平均持股數

在「每 60 個交易日交易一次」下，四種模型的平均持股數差異很小（約 15 檔），與在「每月交易一次」下比較（15 檔），並無差異。

年交易成本

在「每 60 個交易日交易一次」下，四種模型的年交易成本差異很小（2%），與在「每月交易一次」下比較（4.5%～5.5%），降低很多。

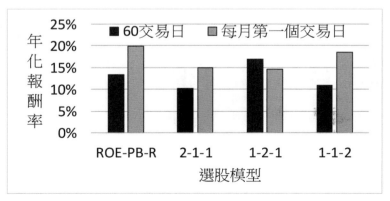

圖 4-31 ROE-PB-R 三因子選股的年化報酬率 資料來源：作者整理

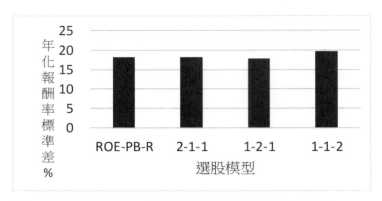

圖 4-32 ROE-PB-R 三因子選股的年化報酬率標準差 資料來源：作者整理

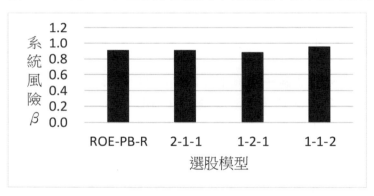

圖 4-33 ROE-PB-R 三因子選股的系統風險 資料來源：作者整理

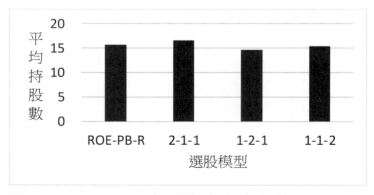

圖 4-34 ROE-PB-R 三因子選股的平均持股數 資料來源：作者整理

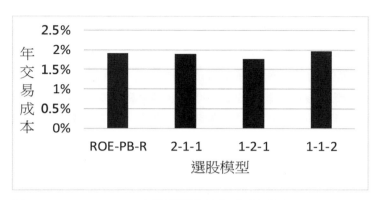

圖 4-35 ROE-PB-R 三因子選股的年交易成本　資料來源：作者整理

　　為了讓讀者了解 ROE-PB-R 三因子選股模型，在「每 60 個交易日交易一次」下，回測期間的全程績效，特繪製累積財富圖如圖 4-36。從 2010／1～2020／12 共 11 年期間，累積財富從 1 元穩定累積到超過 4.0 元。漲幅集中在 2012／10～2014／3、2016／1～2018／1、2020／3～2020／12 三段。和「每月交易一次」相較，穩健性略差；但整體而言，獲利、價值、慣性三因子的綜效在「每 60 個交易日交易一次」下，仍然十分穩健。

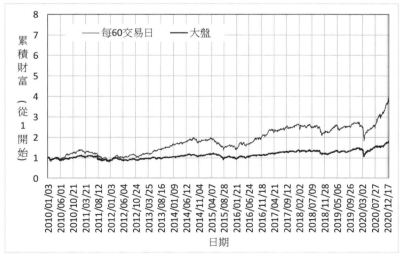

圖 4-36 ROE-PB-R 三因子選股的累積財富　資料來源：作者整理

📈 4-8 日報酬率分布：真理虛實一髮分，勝負常在一點點

前面各節已經證實，「獲利因子＋價值因子＋慣性因子」（ROE-PB-R）三因子選股模型的年化報酬率高達 19.9%，而同期的大盤年化報酬率 5.46%，如果加上年現金股利率約 3.5%，則大盤年化報酬率約 9%。但年化報酬率大約是 250 個交易日的總成果，以日報酬率來看差異可能很小。

例如選股模型高達 19.9%的年化報酬率，其日報酬率為 0.073%；而大盤 9%的年化報酬率，日報酬率為 0.034%，兩者差異只有 0.039%，但日報酬率的標準差並不小，大約 1.2%。假設日報酬率是常態分布，那麼選股模型日報酬率高於大盤的機率只有 51.3%，比亂買股票的 50%多不了多少。所以，不要買了股票後，天天看它擊敗大盤了沒。

但是日積月累下來，日報酬率的微小差異會造成未來財富明顯差異。例如選股模型 19.9%的年化報酬率，10 年會使一元的財富變成 6.1 元，而大盤（9%）會變成 2.4 元，相差 2.6 倍。但 30 年會分別變成 231.5 與 13.3 元，差距達 17.4 倍。

為了讓讀者了解雖然選股模型十分強大，但還沒強大到每天都贏過大盤，圖 4-37 繪出 ROE-PB-R 等權三因子選股模型日報酬率分布與大盤日報酬率頻率分布，可以看出兩者分布都接近常態分布，且幾乎重疊，平均值差異相對於標準差非常小。為了看出差異，把兩個分布的頻率相減得到圖 4-38，可以看出其實兩者還是有差異。在日報酬率大於 0.5%的部分，選股模型的頻率高於大盤；而在小於 0.5%的部分，低於大盤。可見選股模型確實優於大盤，但這種差異在日報酬率的寬廣分布下，很容易被忽略。

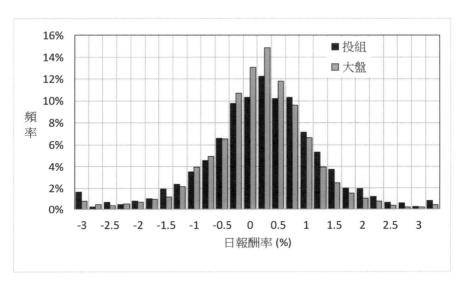

圖 4-37 ROE-PB-R 等權三因子選股模型與大盤的日報酬率頻率分布比較

資料來源：作者整理

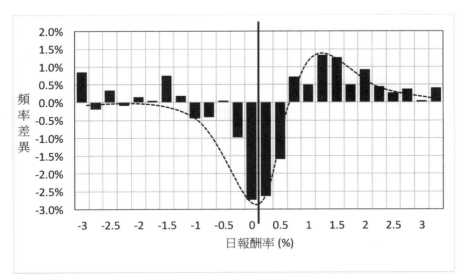

圖 4-38 ROE-PB-R 等權三因子選股模型與大盤日報酬率的頻率差異分布

資料來源：作者整理

⚞ 4-9 總結：綜效是選股模型的關鍵

前面各節已經證實，在買入規則為買入「市值前 50%」且「加權評分法排名在前 30 名」的股票之下，「獲利因子＋價值因子＋慣性因子」（ROE-PB-R）三因子選股模型（圖 4-39）有很高的年化報酬率、合理可接受的年化報酬率標準差與系統風險、適當的平均持股數（約 15 檔），以及可接受的年交易成本。

為何獲利、價值、慣性三因子是綜效強大的三劍客？一個合理的解釋是：獲利、價值雙因子是「價值投資」，慣性因子是「趨勢投資」，前者雖然知道股票合理股價被低估，值得投資，但不知道何時市場會認同，股價開始修正到合理股價。後者可以知道市場認同應該買進股票，但為何應該買進，並無明確、堅實的理由。如果說「合理股價被低估」是火藥，那麼「市場認同」是雷管，後者引爆前者，造成一波漲勢。例如圖 4-40，在 t 時刻獲利、價值雙因子俱佳的三個價值投資標的，股價的趨勢分別為

1.立即上漲

2.緩慢上漲

3.未來上漲

顯然 1 才是最值得投資的股票，而近期報酬率高正是一個「市場認同」的「信號彈」，可以幫忙找出最有可能「立即大幅上漲」的股票。

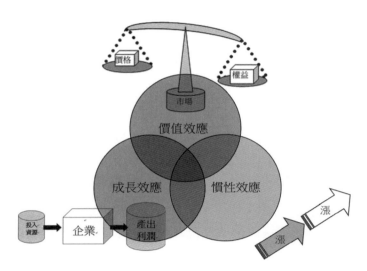

圖 4-39 ROE＋P／B＋R（0.5, 0.25, 0.25）三因子模型的效應

資料來源：作者整理

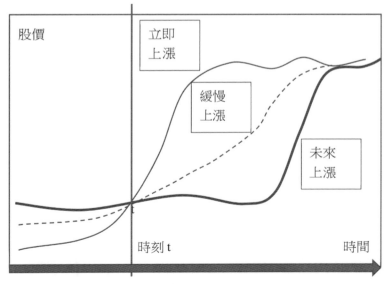

圖 4-40 在 t 時刻獲利、價值雙因子俱佳的價值投資標的股價可能趨勢

資料來源：作者整理

以長榮（2603）在 2020 年底為例（圖 4-41），在 11 月初，長榮財報顯示 ROE（季）將近 12%，當時 P／B 只略大於 1，顯示股票合理股價被低估，值得投資。再加上前一個月報酬率約 20%，市場認同應該買進股票。已經完全滿足「獲利＋價值＋慣性」三因子選股模型的要求，因此應當買進。果然「合理股價被低估」是火藥，「市場認同」是雷管，後者引爆前者，造成一波漲勢。長榮股票到了 12 月底，P／B 已經高達 2.7，雖然獲利、慣性這雙因子仍然強勁，但價值因子顯示股價已經不便宜，因此賣出。買入時股價約 19.2 元，賣出時約 40.7 元，兩個月獲利超過 100%，是一個成功的案例。

本書的附錄 A「2010〜2020 年以三因子模型買賣股票」，列出「獲利＋價值＋慣性」三因子選股模型橫跨 11 年每月買入、賣出股票的紀錄，其中 2020／11／02（11 月的第一個交易日）記錄了買入長榮（2603），而在 2021／01／04（1 月的第一個交易日）記錄了賣出長榮（2603），模型禁得起重複檢驗。

附錄 B「2010〜2020 年三因子模型的投資績效」，列出「獲利＋價值＋慣性」三因子選股模型橫跨 11 年每個月的買進檔數、賣出檔數、做多持股檔數、投資累計報酬率（%）、大盤累計報酬率（%）、投資月報酬率（%）、大盤月報酬率（%）、月超額報酬率（%）。

讀者一定有疑問，繼續增加評分因子的數目，能進一步提升年化報酬率嗎？下一章將解答這個疑問。

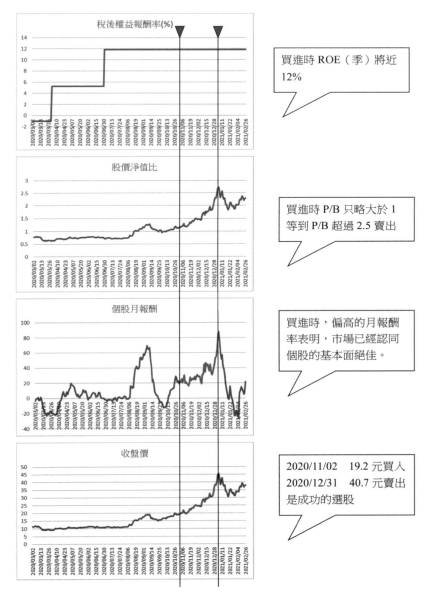

圖 4-41 長榮（2603）：2020／11～12 狂飆

資料來源：作者整理

第 5 章

四個以上指標最有效？
──多多未必益善

「獲利因子＋價值因子＋慣性因子」等權三因子模型的績效已經很好，進一步改變因子組成或權重比例，可以明顯改善績效嗎？本章的答案是：1.在上述三因子模型中增加風險因子，雖可降低風險，但也降低報酬。2.在選股模型中增加同類因子，並無法提高報酬。

📈 5-1 四因子以上選股的績效

讀者一定會好奇，繼續增加評分因子的數目，年化報酬率能進一步提升嗎？為了解答這個疑問，本章設計以下模型來回測。

1.ROE-PB-R-beta 四因子模型：

由於前一章已經確定獲利、價值、慣性、風險四類因子組成的三因子模型，以 ROE-PB-R 等權三因子模型最佳，而且異類因子組合才能產生綜效，因此在此設計了三組 ROE-PB-R-beta 權重組合：

ROE-PB-R-beta（1-1-1-1）四因子模型：為等權模型。

ROE-PB-R-beta（3-3-3-1）四因子模型：因前一章已經指出提升 beta 的權重會降低報酬，因此這個模型 beta 因子採用較低的權重（10%），其餘三個因子等權（各 30%）。

ROE-PB-R-beta（4-3-2-1）四因子模型：這個模型 beta 因子採用較低的權重（10%），其餘 ROE、PB、R 三個因子採用 40%、30%、20% 權重。

2. 八因子模型：

由三個獲利因子（ROE, ROA, ROS）、一個價值因子（PB）、三個慣性因子（前一周、月、季報酬率）、一個風險因子（beta），共八個因子以相等權重組成選股模型。

這裡採用同第二章介紹的回測方法，結果如圖 5-1 至 5-5。這段期間的大盤年化報酬率為 5.46%，分析如下：

年化報酬率

可以清楚發現，四因子模型中，風險因子權重小的 ROE-PB-R-beta（3-3-3-1）、ROE-PB-R-beta（4-3-2-1），年化報酬率略低於 ROE-PB-R 等權三因子模型；風險因子權重大的 ROE-PB-R-beta 等權模型，年化報酬率遠低於等權三因子模型。可見加入風險因子並無法提升報酬率。此外，八因子模型年化報酬率明顯低於 ROE-PB-R 等權三因子模型。因此加權評分因子的數目並非多多益善。

年化報酬率標準差

含系統風險 beta 的四因子模型的年化報酬率標準差均較小。這個結果延續了前面幾章觀察到的現象。此外，八因子模型則與 ROE-PB-R 等權三因子模型相近。

系統風險

含系統風險 beta 的四因子模型系統風險均較小，且權重越高越明顯。這

延續了前面幾章觀察到的現象，也跟上述年化報酬率標準差的現象一致。

平均持股數

含系統風險 beta 的四因子模型平均持股數均較少，且權重越高越明顯。此外，八因子模型則與 ROE-PB-R 等權三因子模型相近。

年交易成本

四因子、八因子模型的年交易成本與 ROE-PB-R 等權三因子模型相近。

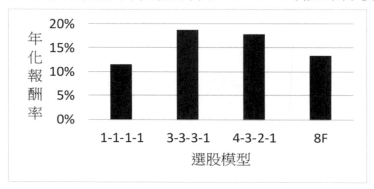

圖 5-1 多因子選股的年化報酬率　資料來源：作者整理

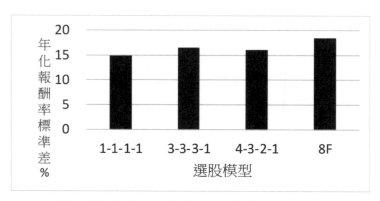

圖 5-2 多因子選股的年化報酬率標準差　資料來源：作者整理

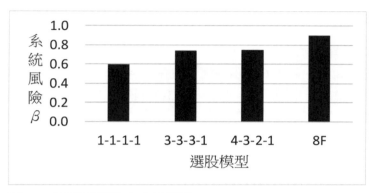

圖 5-3 多因子選股的系統風險 資料來源：作者整理

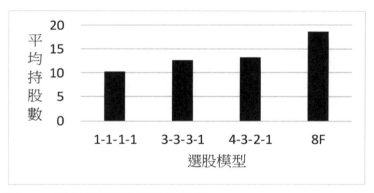

圖 5-4 多因子選股的平均持股數 資料來源：作者整理

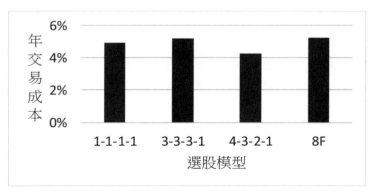

圖 5-5 多因子選股的年交易成本 資料來源：作者整理

5-2 加入風險因子可降低風險，但也降低報酬

為了讓讀者了解 ROE-PB-R-beta 四因子選股模型回測期間的全程績效，特繪製累積財富圖。圖 5-6 顯示等權模型在 11 年期間，累積財富從 1 元穩定累積到超過 3.2 元，過程十分平穩。圖 5-7 顯示（3-3-3-1）權重模型則從 1 元穩定累積到超過 6.3 元，但仍然低於 ROE-PB-R 等權三因子選股模型的 7.4 元。因此，多增加一個因子並不能提升報酬率。

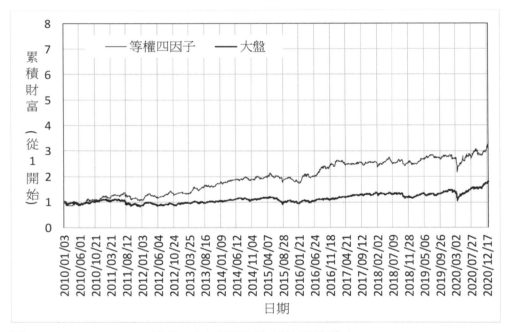

圖 5-6 ROE-PB-R-beta 等權四因子選股模型的累積財富

資料來源：作者整理

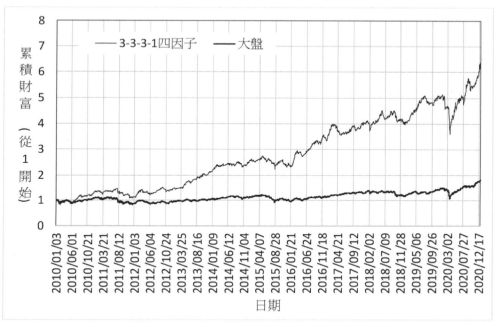

圖 5-7 ROE-PB-R-beta（3-3-3-1）四因子選股模型的累積財富

資料來源：作者整理

📈 5-3 四因子以上的績效不會更好

圖 5-8 顯示八因子模型在 11 年期間，累積財富從 1 元穩定累積到超過 3.9 元，遠低於 ROE-PB-R 等權三因子選股模型的 7.4 元。因為雖然模型有八個因子，但仍然只有獲利、價值、慣性、風險四類因子，增加同類因子並不能提升報酬率。

總之，選股因子並非多多益善，每一個因子必須代表一個對股票特定角度的觀點，並且這個觀點對報酬率具有真實的效應，例如獲利因子 ROE 的成長效應、價值因子 PB 的價值效應、慣性因子 R 的慣性效應。而這些效應背後必須有合理的理論基礎，例如成長效應、價值效應是立基於財務學的價值投資，慣性效應則立基於心理學的趨勢投資。

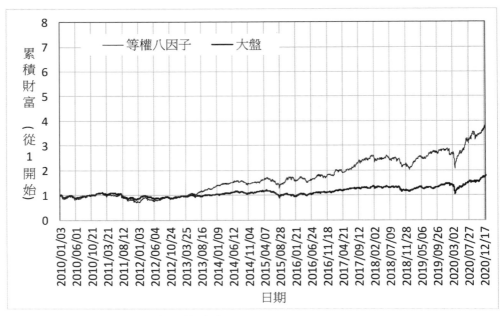

圖 5-8 八因子選股模型的累積財富

資料來源：作者整理

📈 5-4 總結：選股因子並非多多益善

前面各節結論如下：

1.在有很高年化報酬率的「獲利因子+價值因子+慣性因子」（ROE-PB-R）三因子模型中增加風險因子，雖可降低風險，但也降低報酬。

2.在選股模型中增加同類因子並無法提高報酬。

因此 ROE-PB-R 等權三因子模型已經很好，改變因子組成或權重，都無法明顯改善績效。接下來的三章將圍繞在這個模型，深入探討下列性質：

適應性

1.選股模型對不同產業（質）的股票適應性如何？

2.選股模型對不同市值（量）的股票適應性如何？

穩健性

1.選股模型縱斷面的穩健性如何？

多頭／平盤／空頭市場的穩健性如何？

早期／近期市場的穩健性如何？

價值股／成長股之風格輪動

每月報酬率的分布如何？

2.選股模型橫斷面的穩健性如何？

個股報酬率的分布如何？

最佳性

選股模型的最佳參數如何？

賣出規則：拉高賣出門檻的效果如何？

選股股數：持有多少檔股票最佳？

換股周期：

如果採用交易日為準，每多少個交易日換股一次最佳？

如果採用日曆日為準，在哪些天換股最佳？

如果採用每月交易一次，在每月第幾天換股最佳？

企業規模與產業類別對選股的影響
——市值前 50%最優

對投資人而言，了解選股模型對不同股票的績效有兩個用途：1.選擇對選股方法有利的選股池，最佳化投資績效。2.無法主動選擇適合的選股池而必須在特定選股池投資時，可以預估特定選股池績效。本章告訴投資人，如果可以主動選擇適合的選股池，那麼應該包含所有產業，並以「市值前50%」的股票當選股池，這也是本書之前各章的假設。

📈 6-1 股票的質與量：產業與市值

前面各節已經證實，在買入規則為買入「市值前 50%」且「加權評分法排名在前 30 名」的股票之下，「獲利因子＋價值因子＋慣性因子」（ROE-PB-R）三因子選股模型有很高的年化報酬率、合理可接受的年化報酬率標準差與系統風險、適當的平均持股數（約 15 檔），以及可接受的年交易成本。

上述績效是基於假設選股池是「台灣所有上市及上櫃股票中，市值前50%的股票」，因此它包含所有產業，只排除市值低於中位數的股票。

投資人或許有興趣知道，這種選股模型對不同股票的適應性如何？所謂

不同的股票，可以從「質」與「量」來看。「質」是指股票所屬的產業，例如傳產、電子、金融、營建等；「量」是指股票所屬的企業的規模，例如大型、中型、小型股。一個好的選股模型應該對不同股票有良好的適應性。

6-2 不同產業下的績效：不區分產業效果最佳

為了了解選股模型對不同產業股票的績效，本節將選股池設為四種：

1.全部產業：即前面各章的設定。

2.排除金融／營建：這是考慮該產業的財報特性與其他產業不同。

3.傳產：景氣循環特性與電子產業不同。

4.電子：當前台灣股市的主流。

其餘回測方法同第二章，結果如圖 6-1 至 6-5。這段期間的大盤年化報酬率為 5.46%，分析如下：

年化報酬率

可以清楚發現，全部產業最佳，排除金融／營建略低一些，傳產、電子明顯偏低。一個合理解釋是：以全部產業的股票為選股池，可以擁有最多候選股票，因此以加權評分法可以選出最佳的股票。這與天才在人口中所占的比率大致固定，人口越多，天才越多，是一樣的道理。

年化報酬率標準差

傳產股的年化報酬率標準差最小，電子股最大。這跟一般投資人認知電子股較活潑是一致的。

系統風險

傳產股的系統風險最小，電子股最大。這跟一般投資人認知電子股較活潑是一致的。

平均持股數

各選股池的平均持股數差異很小（約 15 檔）。

年交易成本

各選股池的年交易成本差異很小（約 5%）。

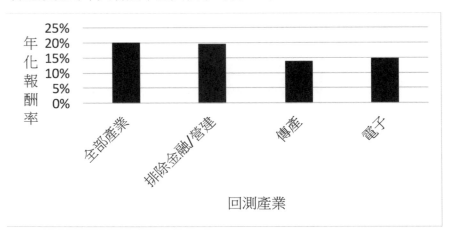

圖 6-1 ROE-PB-R 等權三因子選股的年化報酬率　資料來源：作者整理

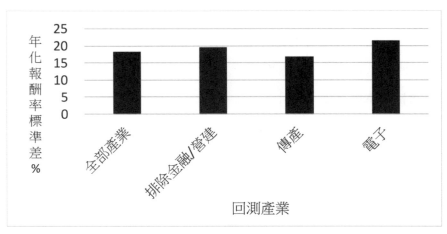

圖 6-2 ROE-PB-R 等權三因子選股的年化報酬率標準差　資料來源：作者整理

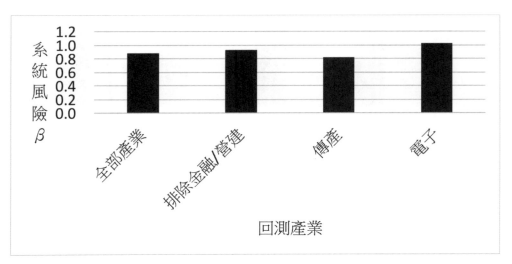

圖 6-3 ROE-PB-R 等權三因子選股的系統風險 資料來源：作者整理

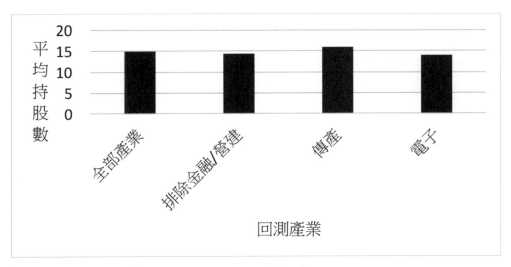

圖 6-4 ROE-PB-R 等權三因子選股的平均持股數 資料來源：作者整理

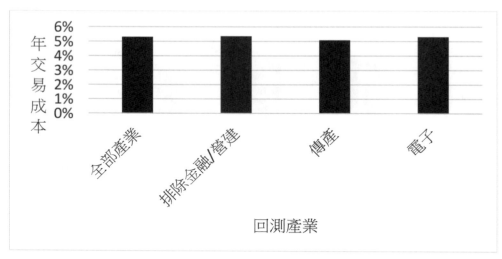

圖 6-5 ROE-PB-R 等權三因子選股的年交易成本　資料來源：作者整理

📈 6-3 不同市值下的績效：前 50% 是適當的門檻

　　為了了解選股模型對不同規模企業股票的績效，本節將選股池設為五種：

1.市值前 5%（約＞800 億）：超大型股

2.市值前 10%（約＞400 億）：巨大型股

3.市值前 20%（約＞200 億）：大型股

4.市值前 50%（約＞50 億）：中大型股（原設定）

5.市值前 100%：全部股

　　由於初步測試發現，市值前 5%、市值前 10% 的平均持股數太低，無法回測，因此把買入規則中的「加權評分法排名」改成「前 300 名」與「前 100 名」的股票，其餘回測方法同第二章，結果如圖 6-6 至 6-10。這段期間的大盤年化報酬率為 5.46%，分析如下：

年化報酬率

可以清楚發現，市值門檻與年化報酬率呈現兩端低中間高的關係，「前50%市值」最佳。合理解釋是：選股池擁有最多候選股票會有最佳績效，但市值在後面 50%的小型股可能因財報品質較差，獲利能力持續性較低，或股價較易被財報以外因素左右，造成以基本面選股的效果較差。

值得慶幸的是，即使把市值門檻提高到「前 20%」，年化報酬率只降低一點點，而這些股票有較佳的流動性。但把市值門檻提高到「前 10%」，年化報酬率會大幅降低。這是因為市值前 5%、市值前 10%的「加權評分法排名」被改成「前 300 名」與「前 100 名」的股票。以台股有 1750 檔左右的股票而言，原本「前 30 名」約選出最精銳的 1.7%的股票，而「前 300 名」則是 17%的股票，其報酬率當然大幅降低。

年化報酬率標準差

不同規模企業股票的年化報酬率差異不大。

系統風險

全部股的系統風險最小，超大型股的系統風險最大。

平均持股數

市值門檻與年化報酬率呈現兩端高中間低的關係，「前 20%市值」的平均持股數最低（約 6 檔）。一個合理解釋是：買入規則為買入「市值前 X%」且「加權評分法排名在前 30 名」的股票，因此「市值前 100%」（X＝100）等同無市值限制，平均持股數必為 30 檔。隨著市值門檻提高，平均持股數減少。但由於初步測試發現，市值最大前 5%、市值最大前 10%的平均持股數太低，因此把買入規則中的「加權評分法排名」改成「最佳前 300名」與「最佳前 100 名」的股票，因此其平均持股數反而比市值最大前 20%者高。

年交易成本

各選股池的年交易成本差異不大（約 4～5%）。

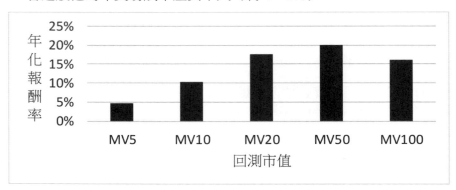

圖 6-6 ROE-PB-R 等權三因子選股的年化報酬率 資料來源：作者整理

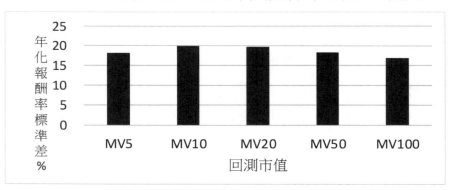

圖 6-7 ROE-PB-R 等權三因子選股的年化報酬率標準差 資料來源：作者整理

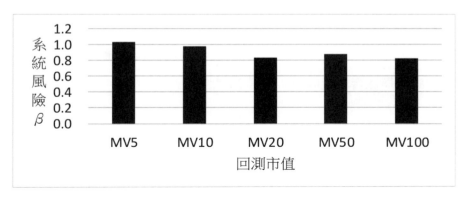

圖 6-8 ROE-PB-R 等權三因子選股的系統風險 資料來源：作者整理

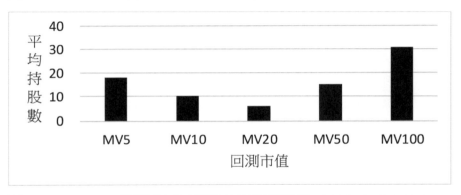

圖 6-9 ROE-PB-R 等權三因子選股的平均持股數 資料來源：作者整理

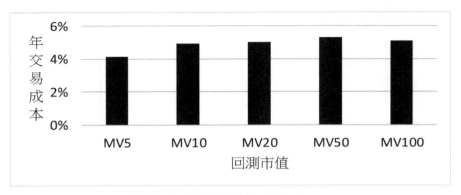

圖 6-10 ROE-PB-R 等權三因子選股的年交易成本 資料來源：作者整理

6-4 總結：選股不須區分產業，只須排除小型股

對投資人而言，了解選股模型對不同股票的績效有兩個用途：

1.主動選擇適合的選股池：選擇對選股方法有利的選股池，最佳化投資績效。

2.預估特定選股池的績效：無法主動選擇適合的選股池，而必須在特定選股池投資時，可以預估特定選股池績效。

本章告訴投資人，如果可以選擇適合的選股池，那麼應該包含所有產業，並以「市值前 50%」的股票當選股池，這也是本書之前各章的假設。

第 7 章

三因子選股模型穩定性佳
——長期績效要好，過程還必須平穩

選股模型不只長期績效要好，過程還必須平穩，投資人才能建立信心、耐心、恆心。因此本章探討選股模型的兩種穩健性：縱斷面穩健性是指選股模型在不同時間點的績效穩定性；橫斷面穩健性是指選股模型在一個時間點投資組合內個股績效的均勻性。

📊 7-1 選股模型必須有縱向與橫向穩健性

前面各章已經證實，在買入規則為買入「市值前 50%」且「加權評分法排名前 30 名」股票的情況之下，「獲利因子＋價值因子＋慣性因子」（ROE-PB-R）三因子選股模型有很高的年化報酬率、合理可接受的風險與流動性，對不同產業、規模股票也有良好的適應性。

投資人應該有興趣知道這種選股模型是否具有穩健性。所謂穩健性可以從縱斷面、橫斷面來看（圖 7-1）：

縱斷面穩健性

縱斷面穩健性（圖 7-2）是指選股模型在不同時間點的績效穩定。一個好的選股模型，應該在不同的時間點都有良好的穩健性，而非時好時壞。本章考慮以下不同的時間點

多頭／平盤／空頭市場

依照前一季的報酬率三等分成多頭／平盤／空頭市場。一個好的選股模型應該在這三種時期都能擊敗市場，而不是在多頭市場比大盤好，空頭市場比大盤差。

早期／近期市場

分成早期 2000／1～2009／12（共 10 年）、近期 2010／1～2020／12（共 11 年），判定選股模型是否在不同時期都能擊敗市場。如果在這兩段時期都能擊敗市場，投資人才能對選股模型擊敗市場有信心。

價值成長之風格輪動

股市的「風格輪動」是指市場有時某一種選股風格占優勢，例如有時成長股風格占優勢，有時價值股風格占優勢。風格輪動會使原本表現很好的策略變得不佳，甚至很差。

每月報酬率的分布

雖然「獲利因子＋價值因子＋慣性因子」等權三因子選股模型績效很好，但投資人可能想知道每月的報酬率如何？總是擊敗大盤嗎？

橫斷面穩健性

橫斷面穩健性（圖 7-3）是指選股模型在一個時間點投資組合的個股績效均勻。良好選股模型建構投資組合的個股績效不宜有一些很好、有一些很差。差距大代表需要較多的個股，才能消除非系統風險。

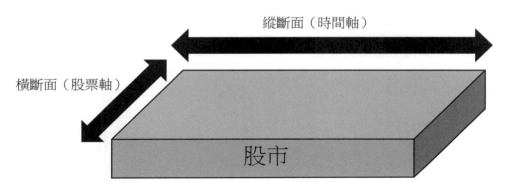

圖 7-1 股市的縱斷面與橫斷面　資料來源：作者整理

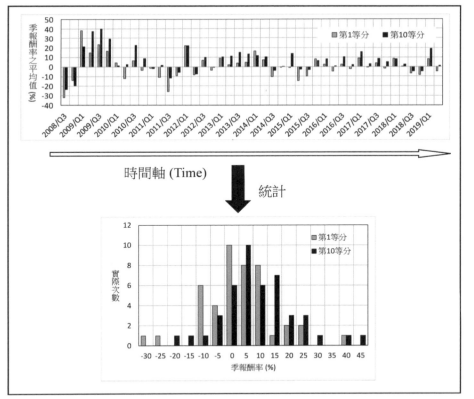

圖 7-2 績效的縱向（時間軸）穩健性　資料來源：作者整理

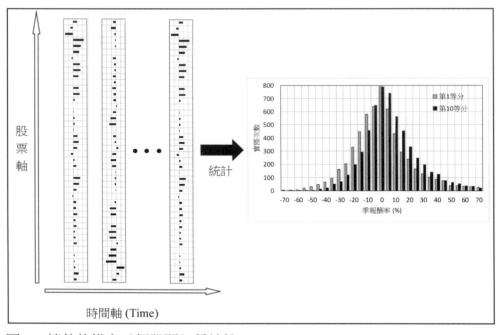

圖 7-3 績效的橫向（個股間）穩健性 資料來源：作者整理

📈 7-2 三因子選股模型在多頭／平盤／空頭市場表現均佳

本節將「獲利因子＋價值因子＋慣性因子」等權三因子選股模型的日報酬率，依照前一季的報酬率三等分成多頭／平盤／空頭市場，統計其績效。統計後發現，以大盤前 60 個交易日的日報酬率移動平均 MA（60）為準，大約可以將交易日分為三等分：

空頭市場：MA（60）＜0%

平盤市場：0%＜MA（60）＜0.07%

多頭市場：MA（60）＞0.07%

再統計這些交易日的大盤日報酬率與選股模型日報酬率

日報酬率差額＝選股模型日報酬率－大盤日報酬率

結果如圖 7-4 與圖 7-5。

空頭市場：大盤日報酬率平均值-0.077%，選股模型 0.008%，差額 0.085%，顯示選股模型在「空頭」可以擊敗市場。

平盤市場：大盤日報酬率平均值 0.029%，選股模型 0.072%，差額 0.044%，顯示選股模型在「平盤」可以擊敗市場。

多頭市場：大盤日報酬率平均值 0.126%，選股模型 0.168%，差額 0.041%，顯示選股模型在「多頭」可以擊敗市場。

日報酬率標準差：選股模型對大盤日報酬率差額的標準差在多頭／平盤／空頭市場都十分接近（0.8%左右）

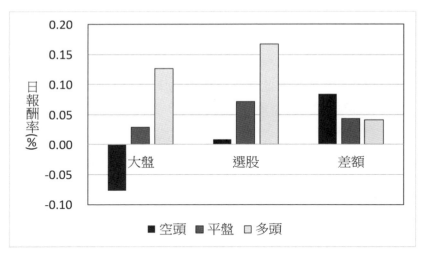

圖 7-4 空頭／平盤／多頭市場的日報酬率平均值　資料來源：作者整理

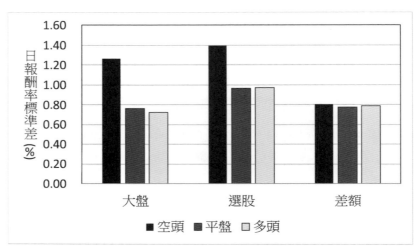

圖 7-5 空頭／平盤／多頭市場的日報酬率標準差　資料來源：作者整理

　　整體而言，無論在多頭／平盤／空頭市場，選股模型都能擊敗市場，特別是在空頭市場表現最佳。這對降低投資風險、度過股市難關而言是好事。由於此處判定多頭／平盤／空頭市場，是以大盤前 60 個交易日的日報酬率移動平均 MA（60）為準，因此是可以預判的。投資人如果發現進入空頭市場，更應該堅持使用選股模型選股，因為此時選股模型的超額報酬率最高。

📈 7-3 三因子選股模型在早期／近期台灣股市表現相近

　　本書前面各章的回測期間為 2010 年 1 月初到 2020 年 12 月底，共 11年。為了讓投資人對選股模型有信心，在此將回測期間改為 2000 年 1 月初到 2009 年 12 月底，共 10 年。選股模型選用「獲利因子＋價值因子＋慣性因子」等權三因子模型，其餘回測方法同第二章，結果如圖 7-6 至 7-10。這段期間的大盤年化報酬率為 5.46%，分析如下：

年化報酬率

可以清楚發現，兩個期間的年化報酬率幾乎相同。

年化報酬率標準差

早期與近期的年化報酬率標準差分別為 32% 與 18%。這跟一般投資人認知台灣股市已經進入成熟期、市場波動逐漸減小的認知是一致的。

系統風險

早期與近期的系統風險差異很小，都在 0.9 左右。

平均持股數

早期與近期的平均持股數分別為 12 與 15，差異不大。

年交易成本

早期與近期的年交易成本差異很小，都在 5%左右。

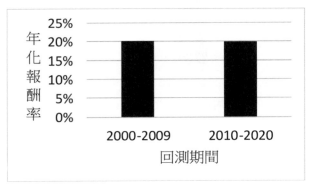

圖 7-6 ROE-PB-R 三因子選股的年化報酬率　資料來源：作者整理

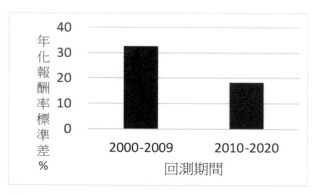

圖 7-7 ROE-PB-R 三因子選股的年化報酬率標準差 資料來源：作者整理

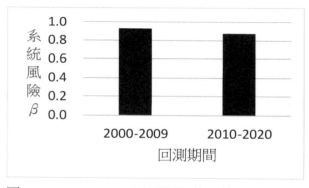

圖 7-8 ROE-PB-R 三因子選股的系統風險 資料來源：作者整理

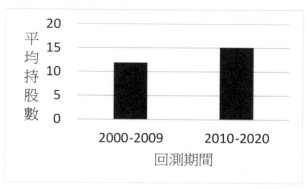

圖 7-9 ROE-PB-R 三因子選股的平均持股數 資料來源：作者整理

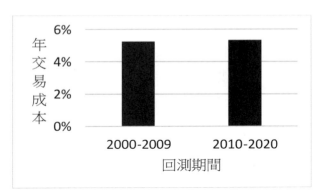

圖 7-10 ROE-PB-R 三因子選股的年交易成本　資料來源：作者整理

　　為了讓讀者了解「獲利因子＋價值因子＋慣性因子」模型回測期間的全程績效，特繪製累積財富圖。圖 7-11 顯示等權模型在 10 年期間，累積財富從 1 元穩定累積到超過 5.8 元，但過程並不平穩。漲幅集中在 2001／10～2004／3、2006／4～2007／10、2009／1～2009／12 三段。這三段時期以外的 2000／1～2001／9、2004／4～2006／3、2007／11～2008／12，特別是在 2008／5～2008／11 這段金融海嘯期間，「獲利因子＋價值因子＋慣性因子」模型的下跌比率比大盤還高。雖然和近期（2010～2020 年）相較，穩健性較差，但整體而言，獲利、價值、慣性三因子的綜效，在這兩段期間都具有良好的穩健性。但這種穩健性必須拉長到 10 年左右，橫跨數個多頭、空頭時期才能顯現；如果把時間長度縮短到不足 5 年，穩健性不佳。

　　整體而言，獲利、價值、慣性三因子的綜效，在 2000～2009 年、2010～2020 年這兩段期間，績效都相當穩定，投資人如果能持續投資 10 年以上，選股模型擊敗市場的機率很高。

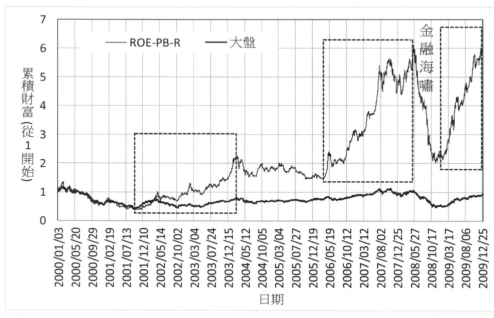

圖 7-11 ROE-PB-R 三因子選股的累積財富 資料來源：作者整理

✍ 7-4 價值股／成長股輪動明顯，結合獲利與價值因子績效穩健

　　雖然一個選股模型在回測期間有很高的年化報酬率，但不代表它可以在整個回測期間擊敗大盤，有時甚至可能連續數年績效比大盤還差。股市有時是成長股風格占優勢，即以公司賺錢為主；有時價值股風格占優勢，即股價便宜為王。風格輪動會使原本表現很好的策略變得不佳，甚至很差。許多專家指出，單因子模型容易受「風格輪動」的影響，造成報酬率不穩定，而結合多個因子的模型常較穩健，例如結合成長與價值風格之選股模型，績效經常較穩健。

　　為了探討價值成長風格輪動現象，我們將價值風格的 P／B 單因子模型季超額報酬率減去成長風格的 ROE 單因子模型者，得到「風格差距」，公式如下：

風格差距＝價值風格 P／B 模型日報酬率－成長風格 ROE 模型日報酬率

為了更清楚觀察其趨勢，我們採用 250 日的移動平均如圖 7-12，可見 2011～2016 年風格差距為負值，成長風格選股占優勢；2010 年以及 2017～2020 年風格差距為正值，價值風格選股占優勢。回測期間兩種風格都有多次出現連續多季占優勢期間，最長期間可達 3 年。

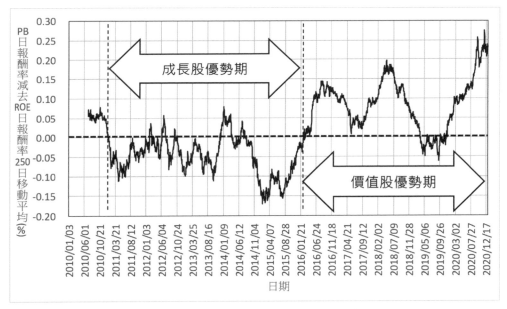

圖 7-12 價值風格對成長風格的差距：250 日的移動平均

資料來源：作者整理

為何基於成長股概念的獲利因子、基於價值股概念的價值因子模型的時間軸穩健性差，而結合成長股與價值股概念的雙因子模型穩健性佳？有兩個可能的解釋：1.由於股市有時成長股概念占優勢，有時價值股概念占優勢，因此兼顧成長股概念與價值股概念的雙因子模型較為穩健。2. 獲利因子、價值因子模型具有強大的報酬綜效，其報酬率明顯高於成長股概念的獲利因子、基於價值股概念的價值因子單因子模型。圖 7-13 是獲利因子、價值因

子、慣性因子日報酬率算出的累積財富，可見獲利因子、價值因子雙因子模型比單因子模型更為穩健。

　　為了讓讀者更看清楚，把上圖縱座標改為「超額日報酬率」的累積財富，超額日報酬率是指選股模型日報酬率減去大盤日報酬率的差額。圖 7-14 是獲利因子、價值因子、雙因子三種選股模型的日超額報酬率算出的累積財富，可見雙因子模型比單因子模型更穩健。

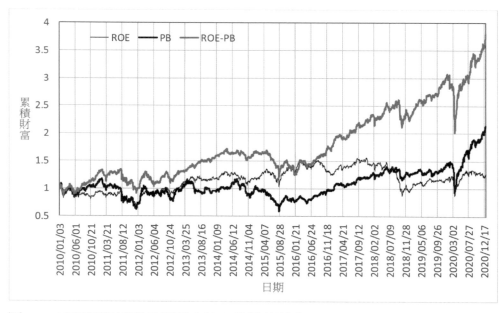

圖 7-13 三種選股模型日報酬率算出的累積財富　資料來源：作者整理

圖 7-14 三種選股模型超額日報酬率算出的累積財富　資料來源：作者整理

📈 7-5 靠月報酬率的平均值取勝，不是每個月都贏

　　雖然「獲利因子＋價值因子＋慣性因子」等權三因子選股模型績效很好，但投資人可能想知道每月的報酬率如何？總是擊敗大盤嗎？要回答這個問題，我們將「獲利因子＋價值因子＋慣性因子」等權模型每月報酬率的歷程，繪成柱狀圖如圖 7-15，大盤的每月報酬率如圖 7-16，超額月報酬率如圖 7-17，可見即使「獲利因子＋價值因子＋慣性因子」等權模型的長期績效極佳，但在 132 個月（11 年）中，只有 76 個月贏過大盤，即超額月報酬率也只有 57.6%的機率為正。

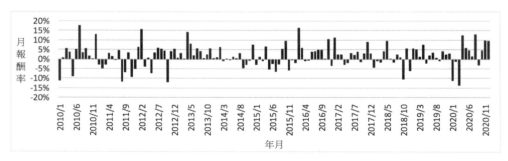

圖 7-15 月報酬率的歷程：三因子等權模型 資料來源：作者整理

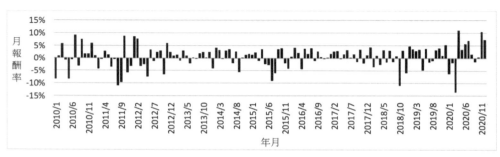

圖 7-16 月報酬率的歷程：大盤 資料來源：作者整理

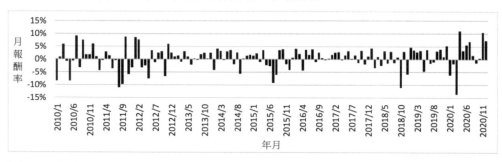

圖 7-17 超額月報酬率的歷程：三因子等權模型 資料來源：作者整理

　　為了讓讀者了解雖然選股模型十分強大，但還沒強大到每個月都贏過大盤，將圖 7-15 與 7-16 改用直方圖展示，如圖 7-18，可以看出兩者的分布都接近常態分布，且分布幾乎重疊，平均值的差異相對於標準差非常小。

　　為了看出差異，把兩個分布的頻率相減得到圖 7-19，可以看出兩者還是

有差異。在月報酬率大於 4%的部分，選股模型頻率高於大盤頻率，而在小於 4%的部分，低於大盤。可見選股模型確實優於大盤。投資人必須明白，選股是靠各月報酬率的平均值取勝，不是每一個月都能打敗大盤，因此長期投資是必要的，這是在時間軸上的「多元分散」。

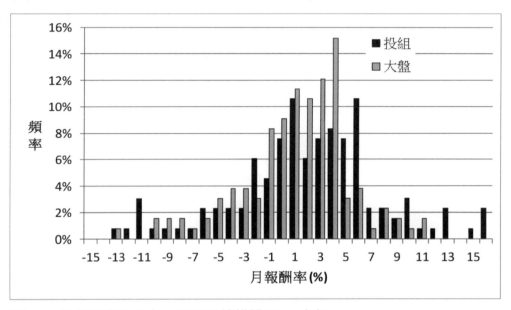

圖 7-18 月報酬率的分布：三因子等權模型 vs 大盤

資料來源：作者整理

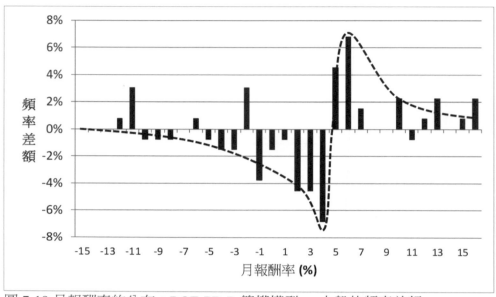

圖 7-19 月報酬率的分布：ROE-PB-R 等權模型 vs 大盤的頻率差額

資料來源：作者整理

⚙ 7-6 靠很少大賠及少量大賺的股票，贏過大盤

雖然「獲利因子＋價值因子＋慣性因子」等權三因子選股模型績效很好，但投資人可能想知道選出的個股報酬率如何？總是擊敗大盤嗎？

為回答這個問題，在此將「獲利因子＋價值因子＋慣性因子」等權模型選出的個股，在持股期間相對大盤的超額報酬率，以直方圖展現如圖 7-20，可見即使選股模型的長期績效極佳，但其選出個股組成的投資組合超額報酬率有很多小於 0。更令人吃驚的是，選出個股的超額報酬率大於 0，也就是贏過大盤的機率只有 47.5%，小於 50%。

但仔細觀察圖 7-20 中的選股模式，可以發現其分布並不對稱，大於 0 的部分有「拖尾」現象，例如沒有賠 20%以上的股票，但賺 20%以上的股票不少。再比較賠 10%～20%與賺 10%～20%的股票，後者明顯較多。因此選股

模型是靠較少大賠的股票，以及有較多大賺的股票贏過大盤。

　　由於選股模型可以選出「好股」，自然也能選出「壞股」，比較兩者的超額報酬率，可讓讀者確認選股模型的選股能力。因此我們回測「獲利因子＋價值因子＋慣性因子」等權模型，但分成兩種模式：

選優：買入「市值前 50%」且「加權評分法排名最好前 30 名」的股票

選差：買入「市值前 50%」且「加權評分法排名最差前 30 名」的股票

　　兩種模式選出的個股，在持股期間相對大盤的超額報酬率，以直方圖展現如圖 7-21，可見兩者的分布重疊，平均值的差異相對於標準差非常小。

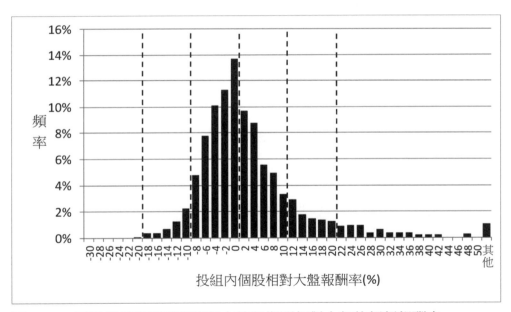

圖 7-20 三因子等權模型選出個股在持股期間相對大盤的超額報酬率

資料來源：作者整理

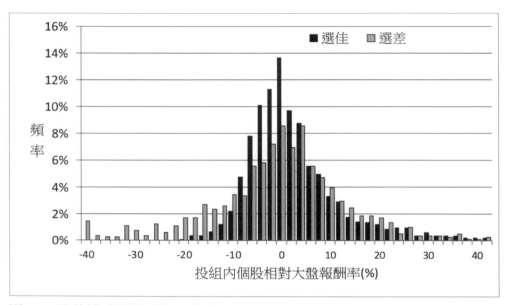

圖 7-21 選佳模式與選差模式選出個股在持股期間相對大盤的超額報酬率

資料來源：作者整理

　　為了看出差異，把兩個分布的頻率相減得到圖 7-22，可以看出兩者還是有差異。在超額報酬率大於-10%的部分，選佳模型的頻率高於選差的頻率，而在小於-10%的部分，低於選差。可見選佳模型確實優於選差模型。

　　投資人必須明白，選股模型選出股票並非每一檔都能打敗大盤，因此分散持有 15 檔以上的股票，提高平均值的穩定性是必要的。這算是在股市橫向的「多元分散」，也是一般投資人熟知的多元分散。

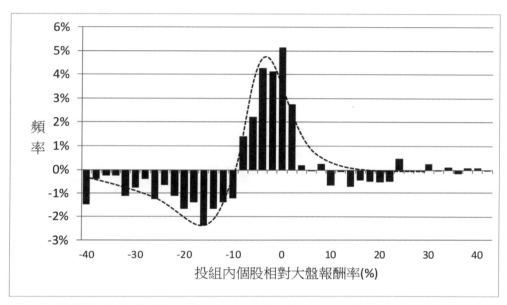

圖 7-22 選優與選差模式選出個股在持股期間超額報酬率的頻率差額

資料來源：作者整理

📈 7-7 總結：三因子選股模型具有縱向與橫向穩健性

選股模型不只長期績效要好，過程還必須平穩，投資人才能建立信心、耐心、恆心。因此，好的選股模型應該在不同時間點都很穩健，建構的投資組合的個股績效不宜有一些很好、有一些很差，差距太大。

本章結論如下：

1. 三因子選股模型在多頭／平盤／空頭市場的表現俱佳，在空頭尤佳。

2. 三因子選股模型在早期（2000～2009）／近期（2010～2020）市場的年化報酬率十分相近。

4. 市場的價值股／成長股風格輪動明顯，單因子模型表現並不穩健，結合獲利與價值因子的模型表現相當穩健。

5.三因子選股模型每月報酬率只有 57.6% 的機率贏過大盤，投資人必須明白，選股是靠各月報酬率的平均值取勝，因此長期持續投資是必要的，這是股市縱斷面的「多元分散」。例如 2004～2019 年出現了一隻大黑天鵝（2008 年的金融海嘯），但為了閃躲這隻黑天鵝，將錯失更多、更大的白天鵝（圖 7-23）。

6.三因子選股模型個股報酬率只有 47.5% 的機率贏過大盤，投資人必須明白，選股模型是靠較少大賠的股票，以及有較多大賺的股票贏過大盤。因此分散持有 15 檔以上的股票，提高平均值的穩定性是必要的。這算是在股市橫斷面的「多元分散」，跟西諺「雞蛋不要放在同一個籃子」是同樣道理。

8% 11% 24% 13% -43% 83% 14% -18% 13% 15% 11% -7% 16% 20% -5% 29%

2004 2005 2006 2007 2008 2009 2010 2011 2012 2013 2014 2015 2016 2017 2018 2019
時間軸 (Time)

圖 7-23 企圖躲過黑天鵝，也必然失去更多白天鵝　資料來源：作者整理

選股公式最佳操作參數
——選股股數與選股周期的影響

雖然「獲利因子＋價值因子＋慣性因子」（ROE-PB-R）等權三因子選股模型績效很好，但投資人可能想進一步提升績效。本章回測了幾個選股模型的可調參數：賣出規則、選股股數、選股周期、換股日期。

📈 8-1 選股模型的參數

前面討論三因子與多因子模型的章節中，已經證明調整因子權重，或者增加因子數目，都無法進一步提升績效。因此必須另闢蹊徑。本章提出幾個選股模型的可調參數，並回測實證其效果，幫助投資人選擇適當的參數，提升投資績效。包括：

賣出規則

前面回測的賣出規則都是賣出「所有不滿足買入規則的股票」。如果拉高賣出門檻，例如改為賣出「加權評分法排名不在前 100 名」的股票，有可能提高投資績效。

選股股數

前面回測的買入規則都是買入「市值前 50%」且「加權評分法排名在前 30 名」的股票。如果降低前 30 名為更少的股數，例如前 20 名或前 10 名，這種由更優秀股票組成的投資組合，有可能有更高的投資績效。

資訊效應

本書的選股模型以財報為主要的資訊來源，理論上財報公告後的初期因為資訊尚未被市場完全消化，應該有較高的報酬率，因此換股周期的長短，以及時間點都是值得探討的參數。

📊 8-2 賣出規則：拉高賣出門檻可提高持股多元性

前面提到的買入、賣出規則如下：

買入規則：「市值前 50%」且「加權評分法排名在前 30 名」的股票。

賣出規則：所有不滿足買入規則的股票。

由於市值通常變化緩慢，因此原本滿足「市值前 50%」的股票，很少會在下一個交易日變成不滿足，因此賣出「所有不滿足買入規則的股票」通常等同「加權評分法排名不在前 30 名的股票」。

「獲利因子＋價值因子＋慣性因子」等權三因子選股模型的加權評分因子包括

獲利因子：股東權益報酬率（ROE）選大

價值因子：股價淨值比（PB）選小

慣性因子：前一個月的股票月報酬率（R）選大

回測的交易周期為每月第一個交易日。當一檔股票因為「加權評分法排名在前 30 名」而被選入，在下一個交易日，被買入的股票可能因為股價上漲

（這正是投資人的期待），股價淨值比會變大，評分降低。因此一個月後，一個原本排名 30 名的股票，可能退步到 31 名而被賣掉，但會不會太早賣了？因此這裡將賣出規則分成三種：

「加權評分法排名不在前 30 名」的股票，即原本的設定

「加權評分法排名不在前 100 名」的股票

「加權評分法排名不在前 300 名」的股票

後兩者會延後股票賣出的時間點。選股模型選用「獲利因子＋價值因子＋慣性因子」等權三因子模型，其餘回測方法同第二章，結果如圖 8-1 至 8-5。這段期間的大盤年化報酬率為 5.46%，分析如下：

年化報酬率

可以清楚發現，「前 100 名」與「前 30 名」的年化報酬率幾乎相同，「前 300 名」略低。這是因為賣出規則改變後，持股因為尚未退步到設定的排名門檻之後而保留，拉長了個股的持股時間，這造成幾個影響：1.年交易成本減少。2.選股模型會持續買入滿足買入規則「加權評分法排名在前 30 名」的股票，而保留的個股雖然排名仍不差（前 100 名或 300 名），但理論上比在前 30 名的股票差，上漲潛力較低一些。上述兩股力量抵銷之後，呈現出上述年化報酬率小幅降低的結果。

年化報酬率標準差

三者的年化報酬率標準差差異很小，都在 17%～18%。

系統風險

三者的系統風險差異很小，都在 0.9 左右。

平均持股數

前 30 名、前 100 名、前 300 名賣出規則的平均持股數分別為 15、19、

28，這是因為買入規則為「加權評分法排名在前 30 名」，當賣出規則為「加權評分法排名不在前 100 名」時，原本的持股尚未退步到 100 名後而保留；但有股票因為滿足「前 30 名」而買入，造成累積，使得平均持股數增加。平均持股數增加有利於持股多元分散，以及資金分散，流動性提升。

年交易成本

前 30 名、前 100 名、前 300 名賣出規則的年交易成本分別約 5%、4%、3%，這是因為賣出規則改變後，持股尚未退步到設定的排名門檻之後而保留，拉長了個股的持股時間，減少交易次數，降低周轉率，使得年交易成本減少。

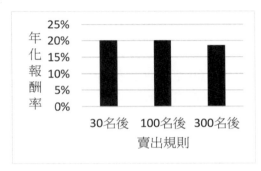

圖 8-1 等權三因子選股的年化報酬率　資料來源：作者整理

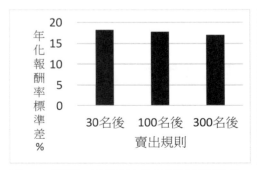

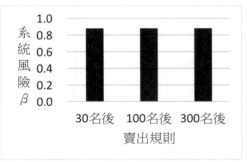

圖 8-2 等權三因子年化報酬率標準差　　圖 8-3 等權三因子的系統風險

資料來源：作者整理　　　　　　　　　資料來源：作者整理

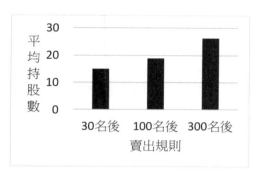

圖 8-4 等權三因子選股的平均持股數
資料來源：作者整理

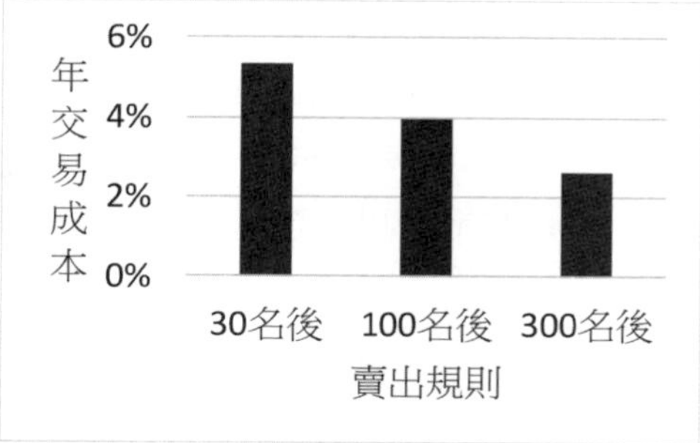

圖 8-5 等權三因子選股的年交易成本
資料來源：作者整理

📈 8-3 選股股數：持有 15 檔股票最佳

前面提到的買入規則：「市值前 50%」且「加權評分法排名在前 30 名」的股票。由於這兩個條件要同時滿足，因此理論上買入的股數約 15 檔。

理論上，排名越前面的股票越優秀，上漲潛力較高。因此提高排名門檻可能可以提升年化報酬率。因此將「前 30 名」改成前 10、20、30、50、100 名五種。選股模型選用「獲利因子＋價值因子＋慣性因子」等權三因子模型，其餘回測方法同第二章，結果如圖 8-6 至 8-10。這段期間的大盤年化報酬率為 5.46%，分析如下：

年化報酬率

可以清楚發現，選股數目與年化報酬率呈現兩端低中間高的關係，前 20 名與前 30 名最佳，前 10 名報酬率陡降。一個合理解釋是：排名越前面的股票越好，上漲潛力較高。因此提高排名門檻從前 100 名、前 50 名、前 30 名年化報酬率都是逐步提升。

但前 20 名、前 10 名的平均持股數分別只有 10 檔與 5 檔左右，這造成幾個影響：1.理論上，股東權益報酬率（ROE）大的股票，股價淨值比（PB）應該也會大。加權評分中，股東權益報酬率選大，股價淨值比選小，

因此前 10 名屬於極端的情況，雖然這種極端狀況可能是市場對股票的錯誤定價，也可能是一次性的盈餘造成股東權益報酬率大增，但這不能代表公司具有持續性的高獲利能力，無法反映公司股票的真實價值。2.平均持股數太少，回測結果不可靠。這兩個因素可能使得提高排名門檻到前 10 名，年化報酬率反而陡降。

年化報酬率標準差

選股數目與年化報酬率標準差呈反比。一個合理解釋是：選股數目越少，平均持股數越少，投資組合無法包含足夠數目的個股，使總風險提高。

系統風險

選股數目與系統風險無關，都在 0.9 左右。一個合理解釋是：選股數目越少，平均持股數越少，雖然投資組合會因無法包含足夠數目的個股，使總風險提高，但理論上，系統風險與投資組合包含的個股數目無關。

平均持股數

選股數目與平均持股數呈現正比的關係。前 10、20、30、50、100 名買入規則的平均持股數分別為 4.6、10、15、26、51 檔。平均持股數增加，有利於持股多元分散以及資金分散，流動性提升。

年交易成本

選股數目與年交易成本呈現反比關係，但差異不大，都在 5%～6%。

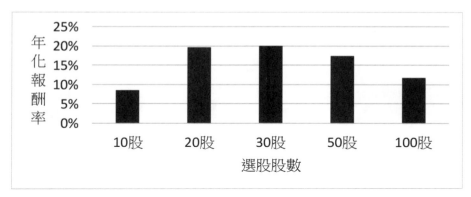

圖 8-6 三因子選股的年化報酬率　資料來源：作者整理

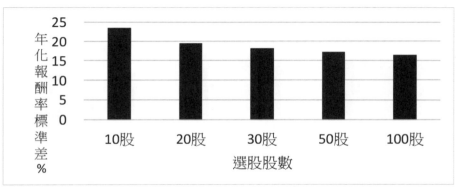

圖 8-7 三因子選股的年化報酬率標準差　資料來源：作者整理

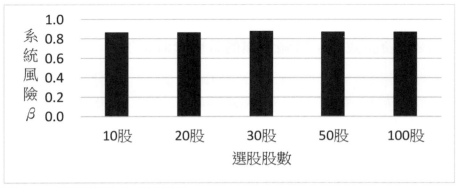

圖 8-8 三因子選股的系統風險　資料來源：作者整理

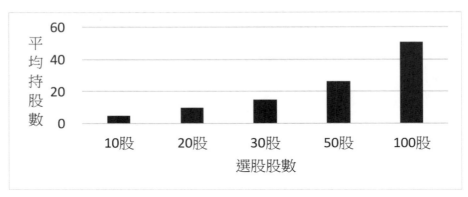

圖 8-9 三因子選股的平均持股數　資料來源：作者整理

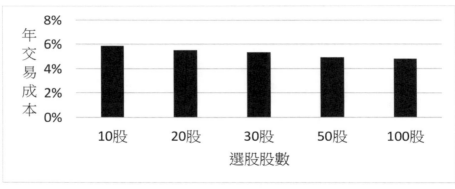

圖 8-10 三因子選股的年交易成本　資料來源：作者整理

📈 8-4 資訊效應：財報資訊的效應衰減迅速

　　本書的選股模型以財報為主要資訊來源，理論上，財報公告後的初期資訊尚未被市場完全消化，應該有較高的報酬率，因此本節探討財報公布日起選股模型的超額報酬。台灣股市季報公布日期如表 8-1。

表 8-1 季報公布日期

公告截止日		
	2013 以後	2013 以前
年報	3 月 31 日	3 月 31 日
第 1 季財報	5 月 15 日	4 月 30 日
第 2 季財報	8 月 14 日	8 月 31 日
第 3 季財報	11 月 14 日	10 月 31 日

為了探討這個問題,本節考慮兩種交易周期

每月第一個交易日交易:此即本書前面各章的設定。這種方式的交易日跟財報公布日無直接相關,但交易日仍然使用財報的資訊,只是使用的資訊例如股東權益報酬率,可能已經公告多日。

季報公布截止日隔日交易:在季報公布截止日隔日交易,並假設以收盤價買入。因為是在是季報公布截止日加一天收盤時買入,因此第一個觀察到的日報酬率是季報公布截止日加二天。這種方式的交易日跟財報公布日直接相關,理論上更能觀察到財報公告之資訊衰減效應。

選股模型選用 ROE-PB-R 等權三因子模型,其餘回測方法同第二章,結果如圖 8-11 至 8-12,列出超額日報酬率,即選股模型日報酬率與大盤日報酬率之差額平均值的變化過程。

圖 8-11 的做法是 1. 計算從 2010～2020 共 11 年,共 132 個月,每個月第一個交易日開始的等權三因子模型日報酬率。2. 將日報酬率減掉大盤日報酬率,得到超額日報酬率。3. 計算132個月中每月第一個交易日開始的每一日超額日報酬率平均值。

圖 8-12 的做法是 1. 計算從 2010～2020 共 11 年,共 44 季,每季季報公

布後第一個交易日開始的等權三因子模型日報酬率。2. 將日報酬率減掉大盤日報酬率，得到超額日報酬率。3. 計算 44 季每季季報公布後第一個交易日開始每一日的超額日報酬率平均值。

可以清楚發現，正如理論所預期，「季報公布截止日隔日交易」的財報公告資訊衰減效應遠比「每月第一個交易日交易」者明顯。隨著離財報公告日越遠，超額日報酬率越低。

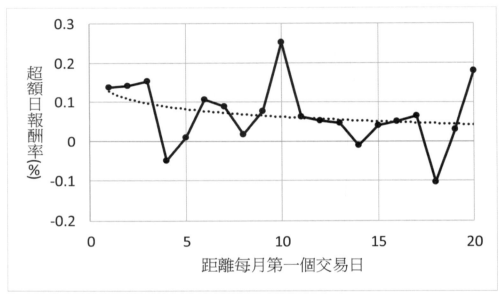

圖 8-11 每月第一個交易日後的日報酬率變化 資料來源：作者整理

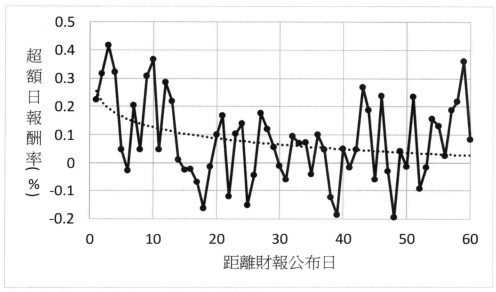

圖 8-12 季報公布截止日後的日報酬率變化　資料來源：作者整理

　　由於日報酬率變化過程波動很劇烈，為了讓讀者更清楚看出財報公告的資訊衰減效應，將超額日報酬率累積成累積報酬率，如圖 8-13 與 8-14。可以清楚發現，正如理論所預期，「季報公布截止日隔日交易」財報公告的資訊衰減效應，遠比「每月第一個交易日交易」者明顯。隨著離財報公告日越遠，累積報酬率的增速越低，到了第 13 個交易日，累積超額報酬率已經達到 2.9%，但之後增速大幅降低。而依照每月第一個交易日交易的方式，在同一時間累積超額報酬率只達到 1.1%。

　　因此，如果投資人每年要換股四次，那麼在季報公告截止日隔天立刻交易，是最有利的。

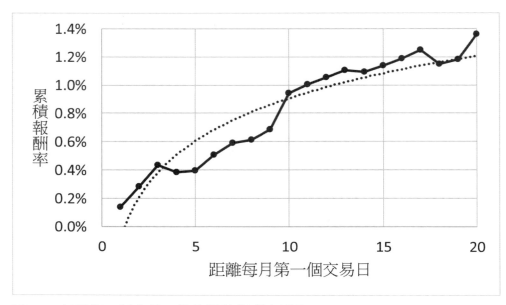

圖 8-13 每月第一個交易日後的累積報酬率變化 資料來源：作者整理

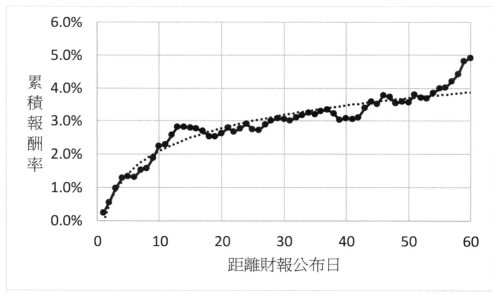

圖 8-14 季報截止日後的累積報酬率變化 資料來源：作者整理

📈 8-5 選股周期：以交易日為準時，每 30 個交易日交易一次最佳

前一節指出，財報公告後的資訊衰減明顯，特別是選股周期配合季報公布日的交易方式。每次交易後，大約只有 13 個交易日有明顯的超額報酬。即使前面各章選股周期不配合季報公布日的「每個月第一個交易日」方式，每次交易後，大約也只有 13 個交易日有明顯的超額報酬。

因此，理論上，交易周期縮短，造成幾個影響：1.理論與實證都指出，選股使用的資訊越新，資訊衰減越少，單位持股時間的報酬率越高。2.交易次數增加，交易成本提高。上述兩股力量抵銷之後，年化報酬率會呈現什麼結果呢？為了回答這個問題，本節先探討以交易日為準的方式，下兩節再探討以日曆天為準的方式。

這裡將交易周期改成每 1、5、10、21、30、42、60、250 個交易日八種。選股模型選用「獲利因子＋價值因子＋慣性因子」等權三因子模型，其餘回測方法同第二章，結果如圖 8-15 至 8-19。這段期間的大盤年化報酬率為 5.46%，分析如下：

年化報酬率

可以清楚發現，年化報酬率與交易周期的長度呈現兩端低中間高的關係，每 30 個交易日交易一次的年化報酬率最高，達到 18.3%。一個合理解釋是：交易周期縮短，選股使用的資訊越新，單位持股時間的報酬率越大，但交易周期縮短到一定程度時，增加的報酬率不足以抵銷增加的交易成本，實質的年化報酬率反而降低。

年化報酬率標準差

間隔交易日長度與年化報酬率標準差無關，都在 18%左右。

系統風險

間隔交易日長度與系統風險無關，都在 0.9 左右。

平均持股數

間隔交易日長度與平均持股數無關，都在 15 檔左右。

年交易成本

間隔交易日長度與年交易成本呈反比關係，1、5、10、21、30、42、60、150 個交易日，分別約 24%、11%、8%、5%、4%、3%、2%、0.4%。

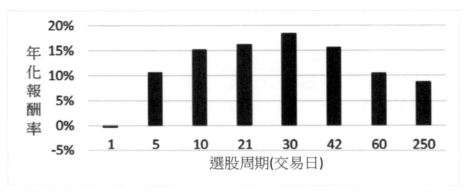

圖 8-15 三因子選股的年化報酬率 資料來源：作者整理

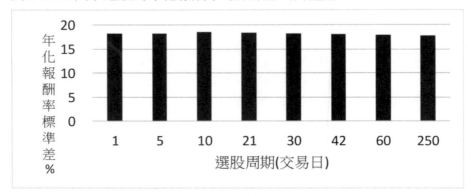

圖 8-16 三因子選股的年化報酬率標準差 資料來源：作者整理

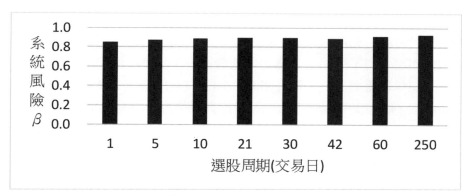

圖 8-17 三因子選股的系統風險 資料來源：作者整理

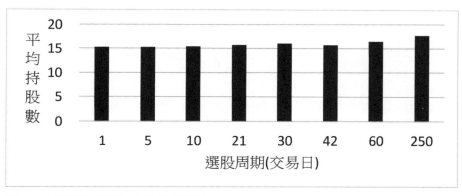

圖 8-18 三因子選股的平均持股數 資料來源：作者整理

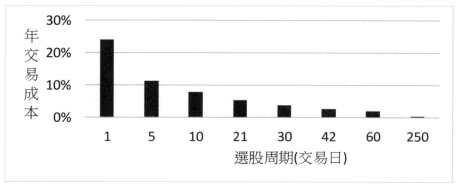

圖 8-19 三因子選股的年交易成本 資料來源：作者整理

上述結果與理論預期相符：縮短交易間隔可使選股使用較新的資訊，提高單位持股時間的報酬率，但持續縮短交易間隔，終將因交易次數增加，交易成本提高而「得不償失」。為了讓讀者進一步認識這個過程，這裡將年交易成本加到年化報酬率上，結果如圖 8-20。完全印證了上面的說法，如果沒有交易成本，縮短交易間隔，可以不斷提高單位持股時間的報酬率。

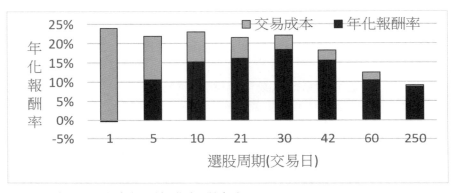

圖 8-20 年交易成本加到年化報酬率上　資料來源：作者整理

📊 8-6 財報影響：以日曆天為準時，在財報公告隔日交易最佳

前面已經指出，財報公告後的資訊衰減明顯，特別是選股周期配合季報公布日的交易方式。每次交易後，大約只有 13 個交易日有明顯的超額報酬。上一節將交易周期改成以交易日為準，而非以日曆天為準，證實這個現象。

投資人可能會問：到底以交易日為準、以日曆天為準的交易周期，何者的績效較佳？為了回答這個問題，本節將交易周期設為六種

以交易日為準：分成每 21、60、250 個交易日交易一次。

以日曆天為準：分成每月第一個交易日、季財報公告隔日、年財報公告隔日交易一次。

選股模型選用「獲利因子＋價值因子＋慣性因子」等權三因子模型，其

餘回測方法同第二章,結果如圖 8-21 至 8-25。這段期間的大盤年化報酬率為 5.46%,分析如下:

年化報酬率

以交易日為準時,間隔交易日越短,年化報酬率越高,每 21 個交易日交易一次者達到 16.2%。合理解釋是以交易日為準時,間隔交易日越短,資訊越新,每 21 個交易日交易一次者,提高的報酬率可以超過交易成本。

以日曆天為準時,季財報公告隔日、年財報公告隔日交易一次的方式,完全配合財報公布日,因此與間隔相當,但完全不配合財報公布日的每 60、250 個交易日的方式相較,因為善用財報資訊,而有較高的年化報酬率(分別高出 16.3%與 6.5%)。其中季財報公告隔日交易的年化報酬率最高,達到 26.8%。

以每月第一個交易日交易的方式,算是部分配合財報公布日(2013 年後季報公告截止日為 3/31、5/15、8/14、11/14),因此與間隔相當,但與完全不配合財報公布日、每 21 個交易日的方式相較,有略高的年化報酬率(高出 3.7%)。

年化報酬率標準差

交易周期與年化報酬率標準差無關,都在 18%左右。

系統風險

交易周期與系統風險無關,都在 0.9 左右。

平均持股數

以交易日為準時,間隔越長,平均持股數越高。以日曆天為準時,間隔越長,平均持股數越低。但差異都不大,均在 12～17 檔。

年交易成本

交易間隔越長,年交易成本越低。

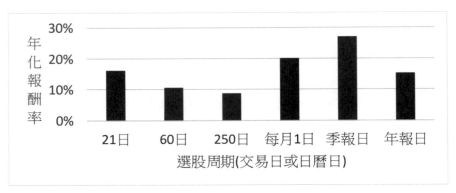

圖 8-21 三因子選股的年化報酬率　資料來源：作者整理

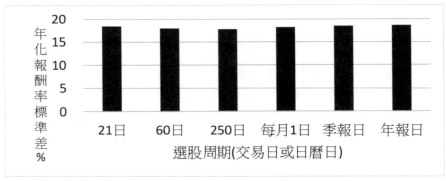

圖 8-22 三因子選股的年化報酬率標準差　資料來源：作者整理

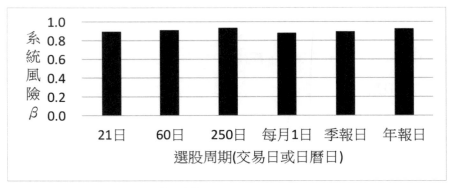

圖 8-23 三因子選股的系統風險　資料來源：作者整理

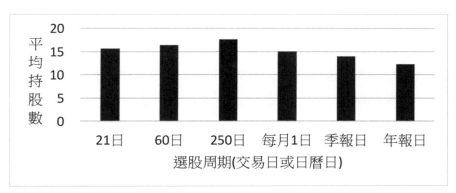

圖 8-24 三因子選股的平均持股數　資料來源：作者整理

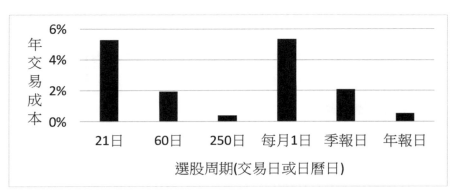

圖 8-25 三因子選股的年交易成本　資料來源：作者整理

📈 8-7 每月日期：每月交易一次時，在月初交易最佳

前面各章的交易周期以每月第一個交易日為主，投資人可能會問：如果仍是每月交易一次，但不是第一個交易日呢？為了回答這個問題，本節將交易周期以日曆天為準，分成每個月的第 1、5、10、15、20、25 日，如果當天不是交易日，則延至下一個交易日。選股模型選用「獲利因子＋價值因子＋慣性因子」等權三因子模型，其餘回測方法同第二章，結果如圖 8-26 至 8-30。這段期間的大盤年化報酬率為 5.46%，分析如下：

年化報酬率

從每個月的第 1、5、10 日交易，年化報酬率越來越低，從每個月的第 15、20、25 日交易，年化報酬率不變，大約介於每個月的第 1 與 5 日交易，相對較高。合理解釋是：2013 年後財報公告截止日為 3/31、5/15、8/14、11/14，以每個月的第 1 或 15 日交易，對於即時反映財報資訊相對有利。

年化報酬率標準差

交易日期與年化報酬率標準差無關，都在 18% 左右。

系統風險

交易日期與系統風險無關，都在 0.9 左右。

平均持股數

交易日期與平均持股數無關，都在 15 檔左右。

年交易成本

交易日期與年交易成本無關，都在 5% 左右。

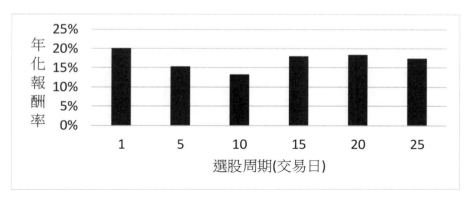

圖 8-26 三因子選股的年化報酬率　資料來源：作者整理

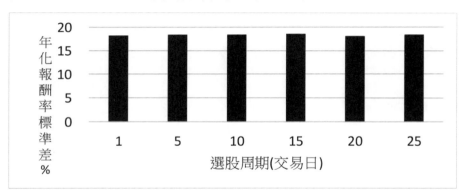

圖 8-27 三因子選股的年化報酬率標準差　資料來源：作者整理

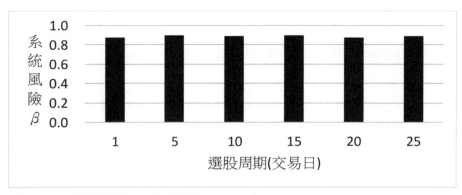

圖 8-28 三因子選股的系統風險　資料來源：作者整理

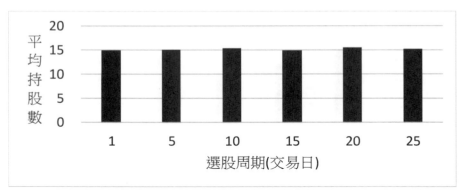

圖 8-29 三因子選股的平均持股數　資料來源：作者整理

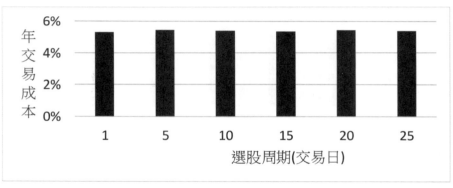

圖 8-30 三因子選股的年交易成本　資料來源：作者整理

🔏 8-8 總結：突破報酬率的天花板並不容易

雖然「獲利因子＋價值因子＋慣性因子」等權三因子選股模型績效很好，但投資人可能想知道還能進一步提升績效嗎？本章提出幾個選股模型的可調參數，並回測實證，幫助投資人選擇適當的參數，提升投資績效。

本章結論如下：

賣出規則： 拉高賣出門檻可以延緩賣出股票，降低年交易成本，提高持

股多元性，但無法提高實質的年化報酬率。

選股股數：買入規則的「加權評分法排名在前 30 名」最佳。此時實際持股約 15 檔股票。

選股周期：交易周期以交易日為準，每 30 個交易日交易一次最佳。

財報影響：交易周期以日曆日為準，季財報日公告隔日交易最佳。財報公告後的資訊衰減明顯，特別是選股周期配合季報公布日的投資方式。每次交易後，大約只有 13 個交易日有明顯的超額報酬。

每月日期：如果交易周期以每個月交易一次為準，每個月的第一個交易日最佳。

由於前面幾章的「獲利因子＋價值因子＋慣性因子」等權三因子選股模型績效很好，年化報酬率高達 19.9%。本章提出的幾個選股模型可調參數，幾乎都不能突破這個天花板，也就是說之前的參數已「最佳化」了。但這些回測仍有助於投資人深入了解各參數的意義與影響，對於強化投資人最缺的信心、耐心、恆心，具有深遠的價值。

第 9 章

選股模型的做空操作策略
——股市做空比做多難

　　股市長期而言，實質年化報酬率大約 8%，即使選股模型也能做空，但遠比用選股模型做多不利。此外，做空還有許多實務操作上的缺點，因此沒有 10 年以上投資資歷的投資人，還是不要輕易嘗試，單純做多即可。

📊 9-1 做空策略的基礎

　　選股模型可以選出「好股」，自然也能選出「壞股」，因此投資人可能想知道如果用選股模型來做空會如何？雖然股市起伏劇烈，陰晴不定，但根據超過 30 年的統計，台灣股市考慮股利後的實質年化報酬率約 8%；事實上，全世界股市的實質年化報酬率差不多也是如此。股市的平均報酬率是正值，因此做多比做空有利。但投資人可能基於以下理由做空：

　　1.投資人對大盤做出空頭的預判，因此以做空操作策略買賣股票。但這種策略必須承擔錯誤預判的風險。

　　2.透過做多與做空並行的多空操作策略，且比例對稱，創造一個系統風險接近 0 的投資組合。

3.透過做多與做空並行的多空操作策略，但比例不對稱，例如 130／30 策略是以 1.3 倍的槓桿做多，0.3 倍做空，創造一個具有 1.6 倍槓桿，但系統風險接近 1.0 的投資組合。

本章提出幾個選股模型進行一系列的做空操作策略回測，下一章將回測多空操作策略。

📈 9-2 選股因子：獲利因子做空效果佳

前幾章做多操作策略的回測結果顯示，影響報酬率的最重要的因子是獲利因子、價值因子、慣性因子，結合這三類因子的三因子選股模型可以擊敗大盤。因此本章將繼續以這三類因子，用加權評分法配合實驗計畫法，探索結合這三類因子選股模型做空操作策略的績效，包括：

單因子模型：ROE（股東權益報酬率）、ROA（資產報酬率）、ROS（營業利益率）、PB（股價淨值比）、R（前一個月的股票月報酬率）

雙因子模型：ROE-PB、ROE-R、PB-R

三因子模型：ROE-PB-R

因子權重採用等權。為配合做空操作策略

賣出規則：賣出（券賣）「市值前 50%」且「加權評分法排名在最後 30 名」的股票。

買入規則：買入（券買）所有不滿足賣出規則的股票。

其餘回測方法同第二章，結果如圖 9-1 至 9-5。這段期間的大盤年化報酬率為 5.46%，分析如下：

年化報酬率

單因子模型：三種獲利因子 ROE、ROA、ROS 中，ROE 的做空效果最好，年化報酬率 8.8%。價值因子 PB、慣性因子 R 的做空效果都是負報酬。

上述結果與做多策略的回測很不相同，討論如下：

為何在做多操作時，三種獲利因子 ROE、ROA、ROS 的績效相近，但在做空時 ROE 遠優於 ROS 呢？可能的解釋是：ROE 是公司拿股東的錢（股東權益）去賺錢（盈餘）的比率，可以反映公司真正的獲利能力。ROS 只反映公司營收賺得盈餘的比率，而非拿股東錢去賺錢的能力，此外公司的營收有季節性，而且受景氣的影響更大，因此並不能完整、精確反映公司的獲利能力。

為何在做多操作時，價值因子 PB 的表現遠比獲利因子 ROE 好，但在做空時相反呢？可能的解釋是：公司 P／B 大的股票通常 ROE 高，公司很賺錢，或者代表市場對公司的前景仍抱有希望，因此雖然 P／B 小（便宜）的股票適合做多，但並不能反推 P／B 大（昂貴）的股票適合做空。

為何在做多操作時，慣性因子 R 的表現不錯，但在做空時表現極差呢？可能的解釋是：股票下跌的原因很多，有時是消息面的非理性下跌，市場經常會過度反應，因此上個月表現最差的股票，股價可能已經修正，甚至過度修正，故在下個月表現未必最差。

雙因子模型：ROE-PB、ROE-R、PB-R 的年化報酬率分別為 5.2%、0.8%、-12%，只有 ROE-PB 雙因子模型可以產生顯著的正報酬，是有效的做空選股模型。

三因子模型：ROE-PB-R 年化報酬率 1.4%，比 ROE-PB 雙因子模型差。

雖然看起來做空的年化報酬率遠低於做多，但這並非選股模型無效，而是做空與做多本質上的不同，

做多報酬率＝選股模型的「做多」超額報酬率＋市場報酬率

做空報酬率＝選股模型的「做空」超額報酬率－市場報酬率

因此兩者的超額報酬率如下：

選股模型的「做多」超額報酬率＝做多報酬率－市場報酬率

選股模型的「做空」超額報酬率＝做空報酬率＋市場報酬率

以「獲利因子＋價值因子＋慣性因子」（ROE-PB-R）三因子模型為例，假設市場報酬率 8.0%

選股模型的做多超額報酬率＝做多報酬率（19.9%）－市場報酬率（8.0%）＝11.9%

選股模型的做空超額報酬率＝做空報酬率（1.4%）＋市場報酬率（8.0%）＝9.4%

其實三因子選股模型的做多、做空的超額報酬相當接近。

年化報酬率標準差

做空的年化報酬率標準差約在 20%～30%，均遠高於做多時。

系統風險

做空的系統風險 beta 約在-1.0，而之前做多的系統風險 beta 約在 1.0，這合乎理論預期。

平均持股數

獲利因子 ROE、價值因子 PB 的單因子模型，平均持股數分別為 4.4 與 21 檔。一個可能的解釋是：選股池只包含市值較高的一半的股票，這種股票的 ROE 較高，P／B 較高，而在加權評分法做空時，ROE 選小，P／B 選大，因此 ROE 單因子模型平均持股數小於預期的 15 檔，而 PB 大於預期的 15 檔。ROE-PB 雙因子模型與 ROE-PB-R 三因子模型的平均持股數，分別為 10 與 9 檔，流動性尚可。

年交易成本

　　含慣性因子模型的年交易成本 5%～7%，遠高於其他模型的 1%～2%，這是因為技術面的月報酬率變化快，含月報酬率 R 的三因子模型的加權評分法排名變化也較快，造成買賣頻率較高，年交易成本也跟著較高。

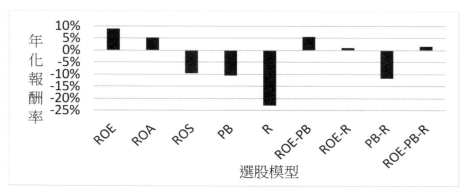

圖 9-1 因子選股的年化報酬率　資料來源：作者整理

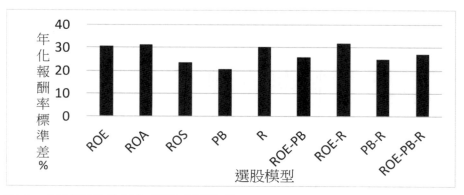

圖 9-2 因子選股的年化報酬率標準差　資料來源：作者整理

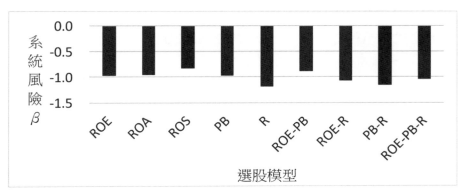

圖 9-3 因子選股的系統風險　資料來源：作者整理

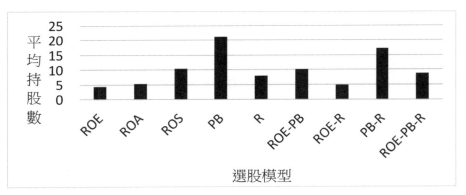

圖 9-4 因子選股的平均持股數　資料來源：作者整理

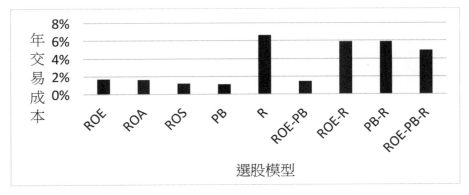

圖 9-5 因子選股的年交易成本　資料來源：作者整理

為了讓讀者了解因子之間的綜效，圖 9-6 至 9-10 將上述因子模型的績效，以模型的權重組合，依照配方坐標系繪於三因子三角形平面上，可以清楚發現

年化報酬率

單因子模型： 獲利因子 ROE 是最有效的做空因子，遠高於另外兩個單因子模型。

雙因子模型： ROE-PB 的年化報酬率雖然只有 5.2%，但遠高於兩個單因子模型的平均值（8.8% -10.3%）／2＝-1%，具有明顯的做空綜效；另外兩個雙因子模型也同樣具有明顯的做空綜效。但只有 ROE-PB 雙因子模型可以產生顯著的正報酬。

三因子模型： ROE-PB-R 的年化報酬率雖然只有 1.4%，但遠高於三個單因子模型的平均值-8.1%，具有明顯的做空綜效

年化報酬率標準差

差異很小。

系統風險

差異很小。

平均持股數

ROE 單因子模型雖然年化報酬率最高，但平均持股數最低。加入 PB 後的 ROE-PB 雙因子模型，雖然年化報酬率略為降低，但平均持股數提高很多。

年交易成本

含慣性因子模型的年交易成本都很高，相反的，以基本面為主的其他模型年交易成本都很低。

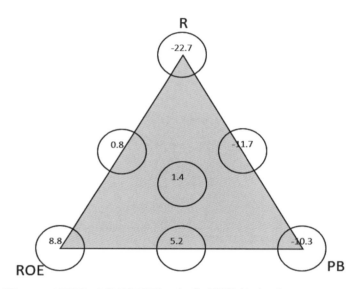

圖 9-6 三因子三角形平面：年化報酬率（%） 資料來源：作者整理

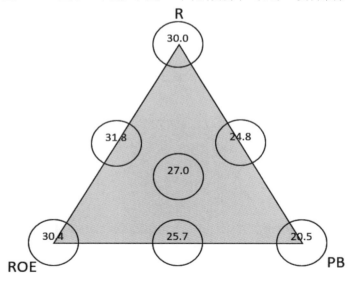

圖 9-7 三因子三角形平面：年化報酬率標準差（%）

資料來源：作者整理

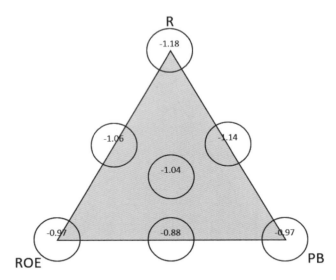

圖 9-8 三因子三角形平面：系統風險 beta

資料來源：作者整理

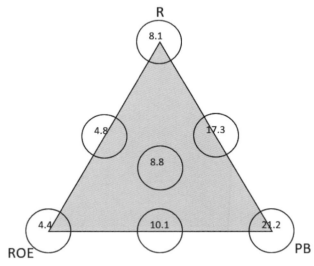

圖 9-9 三因子三角形平面：平均持股數

資料來源：作者整理

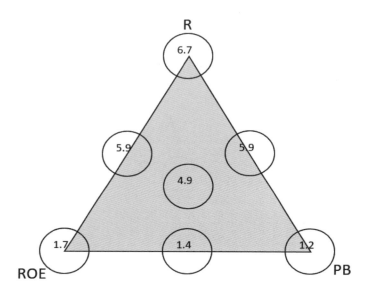

圖 9-10 三因子三角形平面：年交易成本（％）

資料來源：作者整理

　　為了讓讀者了解在做空操作策略下，選股模型回測期間的全程績效，特繪製 ROE、PB、ROE-PB 三個選股模型的累積財富圖如圖 9-11 至 9-13。顯示 ROE 單因子模型的累積財富穩定成長，PB 單因子模型穩定衰減，ROE-PB 雙因子模型曾經在 2020 年 3 月底市場大跌時，超越 ROE 單因子模型，但隨後的大盤反彈，做空操作策略下的 ROE-PB 雙因子模型損失慘重。從這三個典型做空操作策略下選股模型的累積財富歷程可知，做空操作策略的波動性遠比做多操作策略高，穩健性不佳。

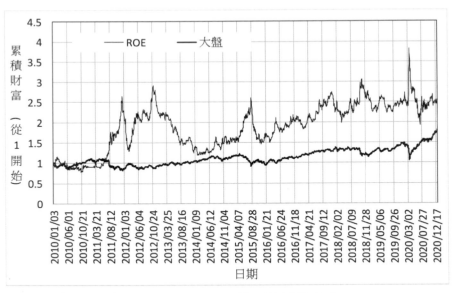

圖 9-11 做空操作策略下 ROE 單因子模型的累積財富　資料來源：作者整理

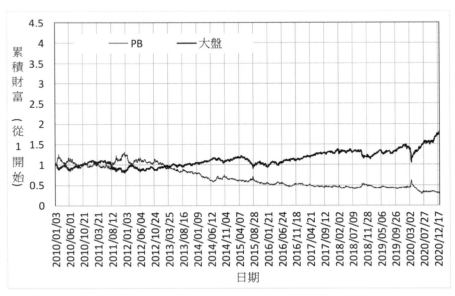

圖 9-12 做空操作策略下 PB 單因子模型的累積財富　資料來源：作者整理

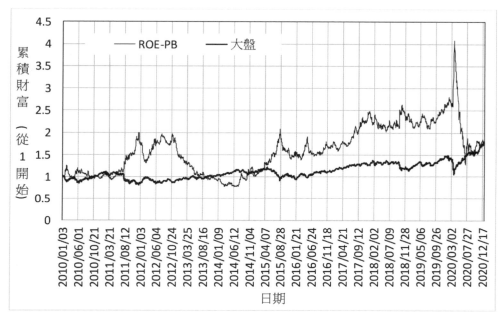

圖 9-13 做空操作策略下 ROE-PB 雙因子模型的累積財富

資料來源：作者整理

　　讀者可能有一個疑問：那些在做多操作策略下，表現好的選股模型，在做空操作策略下，表現也會好嗎？例如「獲利因子＋價值因子＋慣性因子」（ROE-PB-R）等權三因子模型，在做多操作策略下 ROE 選大，PB 選小，R 選大評分，選出排名最前的 30 檔。在做空操作策略下改為 ROE 選小，PB 選大，R 選小評分，選出排名最前的 30 檔。

　　圖 9-14 顯示做空、做多操作策略下，各因子選股模型的年化報酬率。圖 9-15 顯示做空、做多操作策略下，各因子選股模型年化報酬率的差額。可見差額的變化很大。理論上

做多報酬率＝做多超額報酬率＋市場報酬率

做空報酬率＝做空超額報酬率－市場報酬率

故

做多報酬率－做空報酬率

＝（做多超額報酬率＋市場報酬率）－（做空超額報酬率－市場報酬率）

＝（做多超額報酬率－做空超額報酬率）＋2×市場報酬率

雖然圖 9-15 顯示做空、做多下，各選股模型年化報酬率的差額變化很大，但扣除 ROE 與 ROA 兩個差額特別低的模型，差額平均值 16.5%，約等於這段回測期間市場報酬率（含股利）8.0%的兩倍。

扣除 ROE 與 ROA 兩個差額特別低的模型後，將做空、做多操作策略下，各因子選股模型的年化報酬率繪成散布圖 9-16，可看出那些在做多操作策略下，表現好的選股模型，在做空操作策略下，表現通常也會比較好。

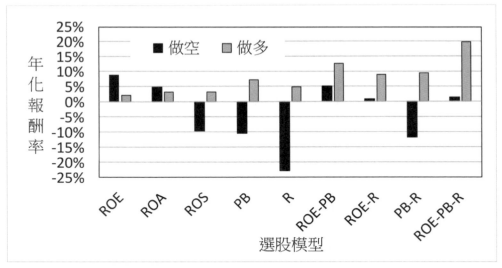

圖 9-14 因子選股的年化報酬率：做空、做多操作策略

資料來源：作者整理

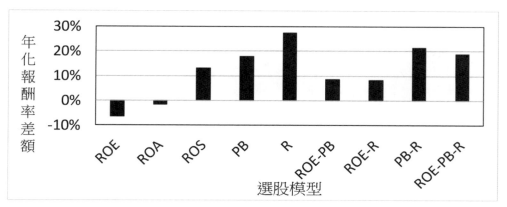

圖 9-15 因子選股的年化報酬率差額：做多相對做空操作策略

資料來源：作者整理

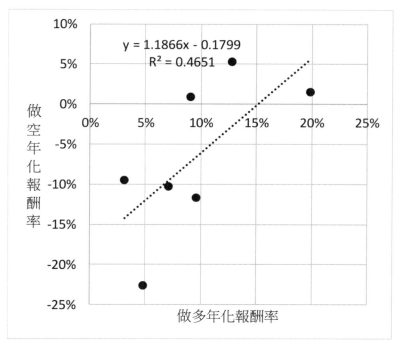

圖 9-16 因子選股的年化報酬率：做空、做多操作策略 資料來源：作者整理

📊 9-3 市值規模：市值較大的股票做空效果差

前面各節已經證實，選股模型在做空也有一定的效果，然而對於擁有大量資金的投資人而言，市值前 50% 的公司的市值門檻約 30～40 億元，雖然選出 10 檔股票，買賣時的流動性仍然可能不足，因此本節把買入規則改為買入「市值前 20%」且「加權評分法排名在前 300 名」的股票。選股模型採用 ROE 單因子、ROE-PB 雙因子、ROE-PB-R 三因子模型，其餘回測方法同第二章，結果如圖 9-17 至 9-21。分析如下：

年化報酬率

無論哪一種模型，在大型股的年化報酬率都遠低於在中大型股。但在大型股，ROE 單因子、ROE-PB 雙因子的做空選股仍有一定效果。例如 ROE-PB 雙因子

做空超額報酬率＝做空報酬率（-1.3%）＋市場報酬率（8.0%）＝6.7%

年化報酬率標準差

各種模型的年化報酬率標準差差異不大（20% 左右）。

系統風險

各種模型的系統風險差異不大（-1.0～-1.1）。

平均持股數

ROE 單因子、ROE-PB 雙因子、ROE-PB-R 三因子模型的平均持股數分別為 21、37、42 檔。由於已經有「市值前 20%」的限制，平均持股數又都能多於 20，因此流動性應該足夠。

年交易成本

ROE 單因子、ROE-PB 雙因子、ROE-PB-R 三因子模型，年交易成本分別約 1%、1.5%、4%。ROE-PB-R 年交易成本較高的原因是月報酬率變化

快，加權評分法排名的變化也因此較快，造成買賣頻率較高，年交易成本也
跟著較高。

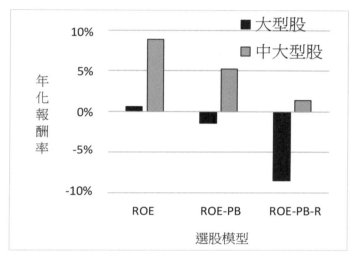

圖 9-17 選股的年化報酬率　資料來源：作者整理

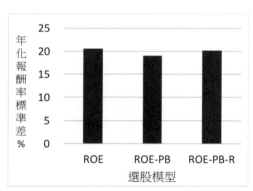

圖 9-18 選股的年化報酬率標準差
資料來源：作者整理

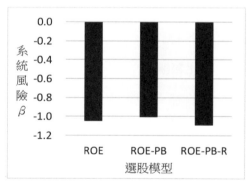

圖 9-19 選股的系統風險
資料來源：作者整理

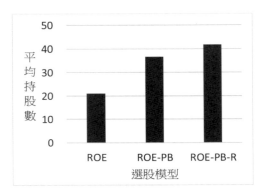

圖 9-20 選股的平均持股數

資料來源：作者整理

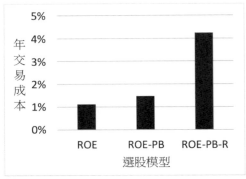

圖 9-21 選股的年交易成本

資料來源：作者整理

9-4 交易周期：在季報日換股做空效果佳

前面各節的交易周期為每月第一個交易日，然而對於那些偏好較長交易周期的投資人而言，每月交易一次過於頻繁。因此本節把交易周期改為季財報公告截止日的隔天交易，其餘回測方法同第二章，結果如圖 9-22 至 9-26。分析如下：

年化報酬率

無論哪一種模型，在季報日交易的年化報酬率，都高於在每月的第一個交易日。特別是「獲利因子＋價值因子＋慣性因子」（ROE-PB-R）三因子的做空選股效果，大幅進步到 6.1%，其做空超額報酬率

做空超額報酬率＝做空報酬率（6.1%）＋市場報酬率（8.0%）＝14.1%

年化報酬率標準差

各種模型的年化報酬率標準差差異不大（25%～30%）。

系統風險

各種模型的系統風險差異不大（-0.9）。

平均持股數

ROE 單因子、ROE-PB 雙因子、ROE-PB-R 三因子模型的平均持股數分別為 5、10、5 檔。ROE-PB 雙因子的平均持股數明顯較多。

年交易成本

各種模型的年交易成本差異不大（1%～1.5%）。

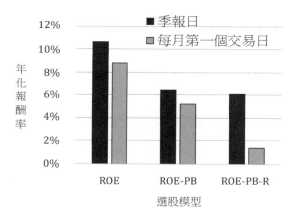

圖 9-22 選股的年化報酬率　資料來源：作者整理

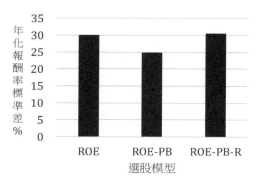

圖 9-23 選股的年化報酬率標準差
資料來源：作者整理

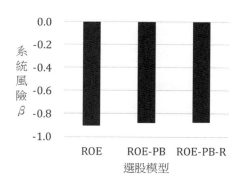

圖 9-24 選股的系統風險
資料來源：作者整理

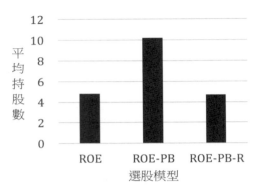

圖 9-25 選股的平均持股數
資料來源：作者整理

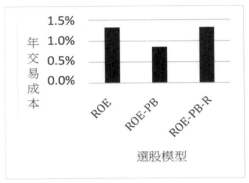

圖 9-26 選股的年交易成本
資料來源：作者整理

📊 9-5 選股數目：選股數較多，做空效果差

為配合做空操作策略，前面各節的賣出規則為賣出（券賣）「市值前50%」且「加權評分法排名在最差前 30 名」的股票。由於這兩個條件要同時滿足，因此理論上真正買入的股數約 15 檔。

理論上，排名越前的股票越差，下跌潛力較高。因此提高排名門檻可能可以提升做空的年化報酬率。但因為做空「最差前 30 名」的平均持股數已經偏少，因此將「最差前 30 名」反向改成「最差前 100 名」，改善持股數偏少的缺點。其餘回測方法同第二章，結果如圖 9-27 至 9-31。分析如下：

年化報酬率

無論哪一種模型，選股數目 100 名的年化報酬率低於 30 名。但 ROE-PB 雙因子的做空選股效果降幅最小，其做空超額報酬率

做空超額報酬率＝做空報酬率（4.2%）＋市場報酬率（8.0%）＝12.2%

年化報酬率標準差

各種模型的年化報酬率標準差差異不大（20%～22%）。

系統風險

各種模型的系統風險差異不大（-0.9～-1.0）。

平均持股數

ROE 單因子、ROE-PB 雙因子、ROE-PB-R 三因子模型的平均持股數分別為 19、35、33 檔。ROE 單因子的平均持股數明顯較少。

年交易成本

ROE 單因子、ROE-PB 雙因子、ROE-PB-R 三因子模型的年交易成本分別為 1.5%、1.5%、4.2%。ROE-PB-R 三因子模型的年交易成本明顯較高。

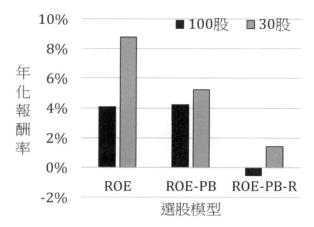

圖 9-27 選股的年化報酬率 資料來源：作者整理

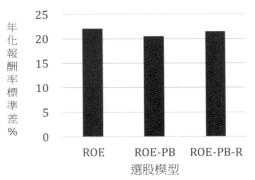

圖 9-28 選股的年化報酬率標準差

資料來源：作者整理

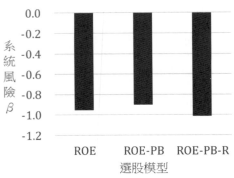

圖 9-29 選股的系統風險

資料來源：作者整理

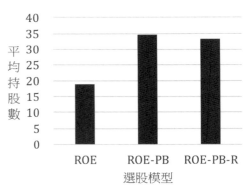

圖 9-30 選股的平均持股數

資料來源：作者整理

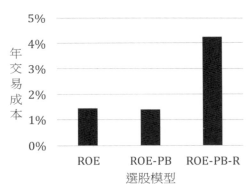

圖 9-31 選股的年交易成本

資料來源：作者整理

📈 9-6 回測時期：不同選股時期績效差異大

本章前面各節的回測期間為 2010 年 1 月初到 2020 年 12 月底，共 11 年。為了讓投資人對選股模型擊敗市場有信心，在此將回測期間改為 2000 年 1 月初到 2009 年 12 月底，共 10 年。其餘回測方法同第二章，結果如圖 9-32 至 9-36。分析如下：

年化報酬率

ROE 單因子兩個期間的年化報酬率幾乎相同，但 ROE-PB-R 三因子模型差異極大，代表用選股模型做空的績效穩健性差。這是頗為奇特的現象。

年化報酬率標準差

各種模型的年化報酬率標準差差異不大（33%～37%）。

系統風險

各種模型的系統風險差異不大（-1.0）。

平均持股數

ROE 單因子、ROE-PB 雙因子、ROE-PB-R 三因子模型的平均持股數分別為 5、6、11 檔。ROE-PB-R 三因子模型的平均持股數明顯較多。

年交易成本

ROE 單因子、ROE-PB 雙因子、ROE-PB-R 三因子模型的年交易成本，分別為 1.2%、1.2%、4.5%。ROE-PB-R 三因子模型的年交易成本明顯較高。

為了讓讀者了解在做空操作策略下，選股模型的回測期間的全程績效，特繪製 ROE 選股模型的累積財富圖如圖 9-37。顯示 ROE 單因子模型的累積財富穩定成長，在 2008 年下半年因金融海嘯，股市大跌時，做空獲利甚豐；但在隨後 2009 上半年，股市大漲時，做空損失慘重。從這個典型的做空操作策略下選股模型的累積財富歷程可知，做空操作策略的波動性遠比做多操作策略高，穩健性不佳。

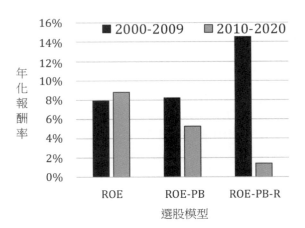

圖 9-32 選股的年化報酬率　資料來源：作者整理

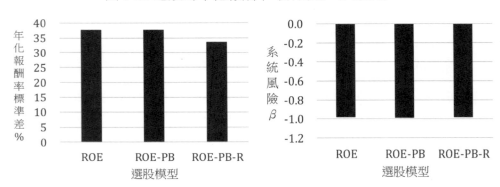

圖 9-33 選股的年化報酬率標準差　　　圖 9-34 選股的系統風險

資料來源：作者整理　　　　　　　　資料來源：作者整理

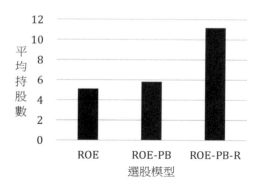

圖 9-35 選股的平均持股數

資料來源：作者整理

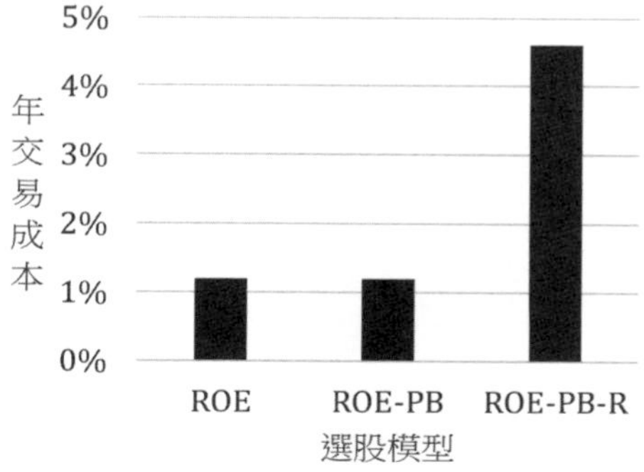

圖 9-36 選股的年交易成本

資料來源：作者整理

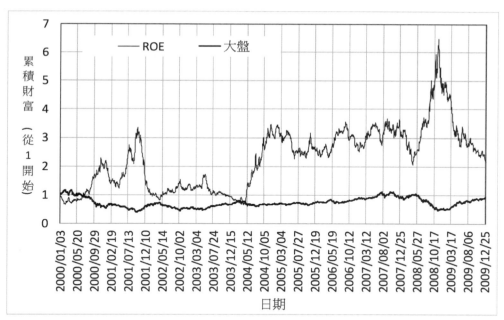

圖 9-37 做空操作策略下 ROE 單因子模型的累積財富　資料來源：作者整理

⌀ 9-7 總結：做空操作策略遠比做多難

本章的結論發現，ROE-PB 等權雙因子選股模型做空效果良好，但本章的報酬率都只扣除證交稅與手續費的交易成本，沒有扣除融券的利息成本。

做空有許多缺點：

1.股市長期而言，考慮股利後的實質年化報酬率大約 8%，即使選股模型也能做空，但遠比用選股模型做多不利。

2.股票上漲沒有極限，意味理論上融券虧損可能無限大，但獲利有限，最多就是 100%。

3.並非每檔股票都可做空，成交量小的股票可能無券可借。

4.當投資人預期股票會跌，但股價卻上漲時，就會賠錢，賠到一定程度，就會被券商強制融券回補。

5.每年除權息和股東會，融券會被「強制回補」。

總之，做空操作策略有許多缺點，沒有 10 年以上投資資歷的投資人，不要輕易嘗試，單純做多投資股市即可。

選股模型的多空操作策略
──攻守兼備的操作策略

多空操作策略會同時擁有做多與做空投資組合，例如以 100%資金透過財務槓桿，創造 130%資金的做多投組、30%資金的做空投組。因此當選股模型同時有選出好股與爛股的能力時，具有提升報酬以及控制風險的優點，但無法免除做空操作策略以及財務槓桿的缺點，操作也比單純做多複雜許多。

🔏 10-1 多空策略的基礎

前面章節提到，選股模型也能做空，但遠比用選股模型做多不利，理論上，年化報酬率相差約 2 倍的市場年化報酬率，原理如下：

$$做多選股報酬率＝市場報酬率＋選股超額報酬率-選股交易成本$$
$$R_S(L) = R_m + \alpha(L) - R_{SC}(L)$$
$$做空選股報酬率＝-市場報酬率＋選股超額報酬率-選股交易成本$$
$$R_S(S) = -R_m + \alpha(S) - R_{SC}(S)$$

$$如果選股能力\ \alpha(L) = \alpha(S)=\alpha,選股交易成本R_{SC}(L)=R_{SC}(S)=R_{SC}$$
$$R_S(L) = R_m + \alpha - R_{SC}$$
$$R_S(S) = -R_m + \alpha - R_{SC}$$
$$R_S(L) - R_S(S) = 2R_m$$
$$市場長期而言R_m > 0，這是做空不如做多的根本原因。$$

　　擴大獲利常用的方法是「財務槓桿」，例如透過融資，投資人只要出40%～50%的資金就可以買到股票，因此有 2～2.5 倍的財務槓桿。例如自有資金 100 萬元，有 2 倍的財務槓桿，則可買到 200 萬元的股票。如果股市漲跌 1%，則賺賠 2 萬元，但因為自有資金 100 萬，故獲利為 2%，2 倍的財務槓桿會把投資組合的損益放大 2 倍。賺錢時固然好，賠錢時就慘了。

　　例如 2008 年金融海嘯時，股市下跌約 50%，如果自有資金 100 萬元，用 2 倍的財務槓桿，則賠了 50%×2×100＝100 萬元，把自有資金 100 萬元全部賠光。因此財務槓桿是放大了損益，也就是放大了風險。

財務槓桿放大報酬，也放大風險

　　為了讓讀者了解財務槓桿的影響，在此將「獲利因子＋價值因子＋慣性因子」（ROE-PB-R）等權三因子選股模型回測期間的全程績效繪成圖 10-1 累積財富圖。圖中假設財務槓桿採用 1.0、1.3、1.5、2.0 四種，顯示財務槓桿越大，最終累積財富越多，但波動越大。例如在 2020／3，因美國新冠疫情爆發，全球股市大跌，台灣股市也跟著大跌，從 2020／3／6～3／19 跌幅約 23%；而選股模型在財務槓桿 1.0、1.3、1.5、2.0，下跌幅度分別約 26%、

33%、37%、46%，在財務槓桿 2.0 下損失慘重。因此，財務槓桿是迷人又危險的操作，絕非初入股市的人能操作。

　　使用財務槓桿下，做多操作策略的績效如表 10-1，以及圖 10-2～10-4。其中年化報酬率是由日報酬率計算出來的年複利報酬率，年化報酬率標準差是將日報酬率標準差乘以根號 250（基於統計學原理），系統風險是根據大盤以及選股模型的日報酬率計算得到。可以清楚看出財務槓桿放大了報酬，但也放大了風險。

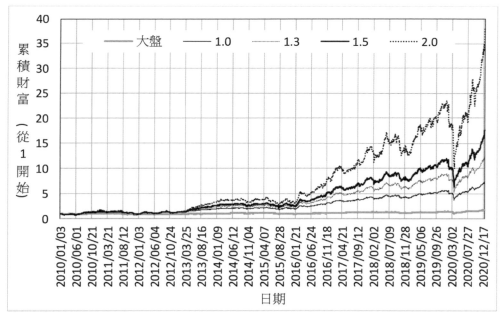

圖 10-1 財務槓桿做多操作策略下，ROE-PB-R 等權三因子模型的累積財富
資料來源：作者整理

表 10-1 財務槓桿做多操作策略的績效

資料來源：作者整理

績效		大盤	做多	財務槓桿		
				1.3	1.5	2.0
日報酬率（％）	平均值	0.026	0.081	0.105	0.121	0.161
	標準差	0.959	1.150	1.495	1.725	2.300
	beta	1.0	0.874	1.136	1.311	1.748
	alpha	0.0	0.016	0.021	0.024	0.032
年化報酬率（％）	平均值	5.5	20.0	25.9	29.7	39.2
	標準差	15.2	18.2	23.6	27.3	36.4

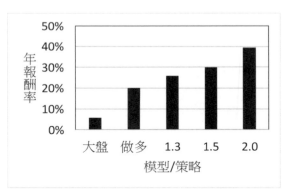

圖 10-2 使用財務槓桿下，做多操作策略的年化報酬率

資料來源：作者整理

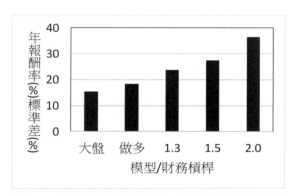

圖 10-3 使用財務槓桿下，做多操作策略的年化報酬率標準差

資料來源：作者整理

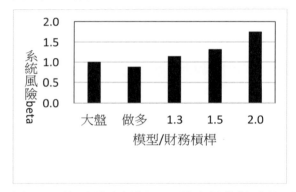

圖 10-4 使用財務槓桿下，做多操作策略的系統風險 beta

資料來源：作者整理

　　投資人可能思考：如果同時用選股模型選出「好股」做多，也選出「壞股」做空，結果會怎樣呢？例如以 50% 資金做多、50% 資金做空的 50／50 多空策略，可以創造一個系統風險接近 0 的投資組合，原理如下所示。其報酬率約為選股的超額報酬率扣除交易成本，但這個報酬率要超過市場報酬率（約 8%）並非易事。

● 多空策略 R(50/50)

做多投組 $R(50)=0.5\times[R_m + \alpha(L)] - 0.5\times R_{SC}(L)$

做空投組 $R(50)=0.5\times[-R_m + \alpha(S)] - 0.5\times R_{SC}(S)$

多空策略 $R(50/50)=0.5\times[R_m + \alpha(L)] - 0.5\times R_{SC}(L)$

$$+0.5\times[-R_m + \alpha(S)] - 0.5\times R_{SC}(S)$$

假設選股能力 $\alpha(L) = \alpha(S) = \alpha$, 選股交易成本 $R_{SC}(L)=R_{SC}(S)=R_{SC}$

多空策略 $R(50/50)=\alpha - R_{SC}$

因此，50/50策略可以排除市場報酬率的影響，系統風險beta=0。

但 $\alpha - R_{SC} > R_m$ 並不容易。

上述50／50多空策略雖可以消除系統風險，但其報酬率可能低於市場報酬率（約8%）。因此，投資人可能會思考：如何放大報酬，但不放大風險？這可以透過做多與做空並行的多空操作策略，但做多與做空比例不對稱來達成。例如130／30策略是以1.3倍的槓桿做多，0.3倍做空。

例如投資人有100萬元的資金，拿70萬元融資買進，假設融資借到50%資金，自己只須出50%資金，則實際買到現值70／50%＝140萬元。再拿30萬元融券賣出，假設融券100%，自己須出100%資金，則實際賣出現值30／100%＝30萬元。如此形成140萬做多，30萬做空的投資組合，形成140／30的多空操作策略（未考慮交易成本及融資／融券利息等成本）。

130／30策略可以創造一個具有1.6倍槓桿，但系統風險接近1.0的投資組合，原理如下：

● 多空策略 R(130/30)

做多投組 $R(130)=1.3\times[R_m + \alpha(L)] - 1.3\times R_{SC}(L)$

做空投組 $R(30)=0.3\times[-R_m + \alpha(S)] - 0.3\times R_{SC}(S)$

多空策略 $R(130/30)=1.3\times[R_m + \alpha(L)] - 1.3\times R_{SC}(L)$

$$+0.3\times[-R_m + \alpha(S)] - 0.3\times R_{SC}(S)$$

假設選股能力 $\alpha(L) = \alpha(S)=\alpha$, 選股交易成本 $R_{SC}(L)=R_{SC}(S)=R_{SC}$

多空策略 $R(130/30)=R_m + 1.6\times(\alpha - R_{SC})$

因此如果超額報酬扣除交易成本後大於0，130/30策略可以把此差額放大1.6倍，但系統風險不會增加。只要 $\alpha - R_{SC} >0$，此策略即可提高報酬，又不增加系統風險。

這是因為做多有 1.3 倍槓桿，代表市場如果上漲 1%，不考慮做多的超額報酬下，會上漲 1.3%。但做空有 0.3 倍槓桿，代表市場如果上漲 1%，不考慮做空的超額報酬下，會下跌 0.3%，因此總報酬 1.3%－0.3%＝1.0%，跟市場相同。反之，如果下跌，如-1%，則做多部分會損失 1.3%，做空部分會獲利 0.3%，總報酬-1.3%＋0.3%＝-1.0%，也跟市場相同。因此無論市場漲或跌，這個多空投資組合總報酬率都跟市場相同，故系統風險接近 1.0。

多空策略報酬較高，風險較小

130／30 策略所創造的 1.6 倍槓桿，是在做多、做空的超額報酬率上。如果做多與做空的超額報酬率相同，且扣掉交易成本後為正值，則這部分的獲利會被放大 1.6 倍，例如假設做多與做空的超額年化報酬率，扣除交易成本後都是 5%，則會放大成 8%。

為了讓讀者了解多空操作策略的影響，在此以 ROE-PB-R 等權三因子選股模型做多，ROE-PB 等權雙因子選股模型做空，多空操作策略假設採用 100／0（即傳統的做多）、130／30、150／50、200／100 四種，並將回測期間的全程績效繪成圖 10-5 的累積財富圖。圖 10-5 多空操作策略與圖 10-1 單純做多策略相比，顯示在相同財務槓桿下，多空策略不但最終累積財富較多，波動也相對較小。例如在 2020／3，台灣股市大跌約 23%，而 100／0、130／30、150／50、200／100 四種策略的跌幅約 26%、22%、20%、13%，財務槓桿較大者損失反而較小。這是因為做空模型在這段期間獲利 55%，大幅度抵銷做多的損失。

多空操作策略的績效如表 10-2，以及圖 10-6～10-8。可以清楚看出多空操作策略放大了報酬，也放大了代表總風險的年化報酬率標準差，但程度比較緩和，而系統風險則如預期地被控制在 1.0 左右。表 10-2 多空操作策略與表 10-1 單純做多策略相比，顯示在相同財務槓桿下，多空策略不但報酬較高，風險也相對較小。

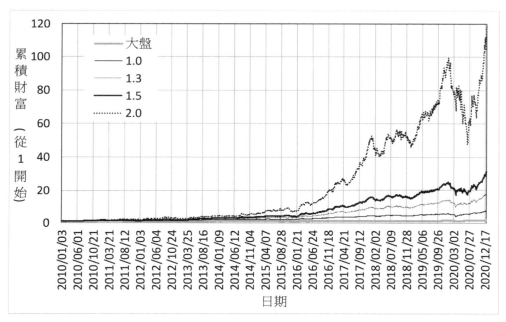

圖 10-5 多空操作策略下的累積財富　資料來源：作者整理

表 10-2 多空操作策略的績效

績效		大盤	做空	做多	多空操作策略		
					130／30	150／30	200／100
日報酬率（%）	平均值	0.026	0.034	0.081	0.115	0.138	0.194
	標準差	0.959	1.625	1.150	1.287	1.437	1.933
	beta	1.0	-0.883	0.874	0.871	0.870	0.865
	alpha	0.0	0.028	0.016	0.020	0.023	0.035
年化報酬率（%）	平均值	5.5	5.2	20.0	30.0	36.8	54.3
	標準差	15.2	25.7	18.2	20.3	22.7	30.6

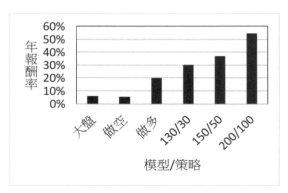

圖 10-6 多空操作策略的年化報酬率 資料來源：作者整理

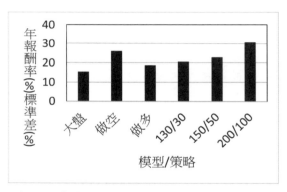

圖 10-7 多空操作策略的年化報酬率標準差 資料來源：作者整理

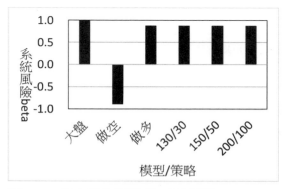

圖 10-8 多空操作策略的系統風險 beta 資料來源：作者整理

📈 10-2 選股因子：ROE-PB-R 做多、ROE-PB 做空效果佳

為了讓讀者了解多空操作策略的影響，在此根據前面幾章的結論，採用最佳的做多與做空選股模型：

做多選股模型：ROE-PB-R 等權三因子選股模型做多

做空選股模型：ROE-PB 等權雙因子選股模型做空

將這兩個模型的回測期間的全程績效繪成圖 10-9 的累積財富圖。做多、做空選股模型年化報酬率分別為 20.1%、8.5%，年化報酬率標準差 18.2%、25.7%。例如在 2020／3／6～3／19 期間，台股大跌，上述做多模型也跟著損失慘重，但做空模型獲利甚豐。大盤報酬率的日報酬率與做多、做空模型的日報酬率散布圖如圖 10-10 與 10-11，可以看出斜率接近 45 度與 -45 度，也就是系統風險 beta 約 1.0 與 -1.0。

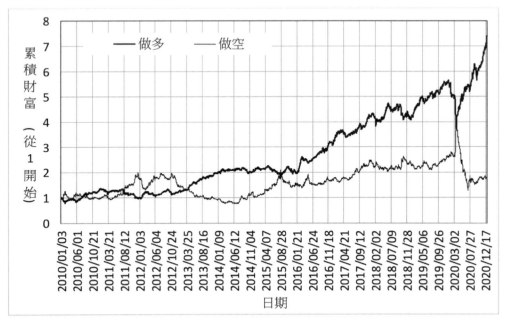

圖 10-9 做多／做空模型的累積財富　資料來源：作者整理

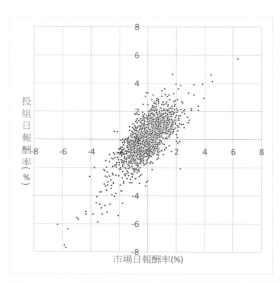

圖 10-10 大盤報酬率的日報酬率與做多模型的日報酬率散布圖

資料來源：作者整理

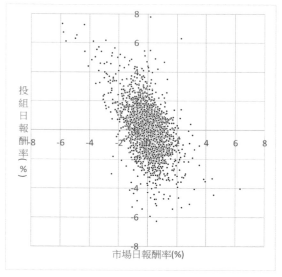

圖 10-11 大盤報酬率的日報酬率與做空模型的日報酬率散布圖

資料來源：作者整理

　　假設將上述做多／做空模型以 50／50 多空操作策略回測，這個策略不使用財務槓桿，且做多／做空資金比例維持 50%：50%，圖 10-12 顯示它的累積財富圖。雖然最終財富不如單純做多，年化報酬率只有 14.5%，但過程十分平穩，年化報酬率標準差也只有 10.8%，系統風險 beta 約 0.0。例如在 2020／3／6～ 3／19 期間，台股大跌 23%，單純做多大跌 26%，上述多空模型不但沒損失，還有小幅獲利。而 2020／4～2020／7 的股市反彈期間，此多空模型反而損失，原因是做多模型在這段期間的獲利，不足以抵銷做空模型的損失。

　　大盤報酬率的日報酬率與 50／50 多空模型的日報酬率散布圖如圖 10-13，可以看出斜率接近 0，也就是系統風險 beta 約 0.0。

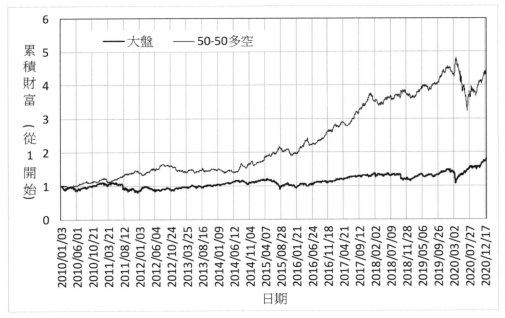

圖 10-12 50／50 多空操作策略下的累積財富　資料來源：作者整理

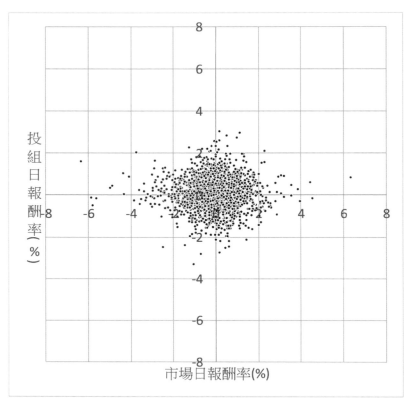

圖 10-13 大盤報酬率的日報酬率與 50／50 多空操作策略的日報酬率散布圖

資料來源：作者整理

　　假設將上述做多／做空模型以 130／30 多空操作策略回測，這個策略使用財務槓桿，且做多／做空資金比例維持 130%：30%，圖 10-14 顯示它的累積財富圖。它的最終財富遠超過單純做多，年化報酬率高達 30.0%，且過程十分平穩，年化報酬率標準差只有 20.3%，系統風險 beta 約 0.87。例如在 2020／3／6～3／19 期間，台股大跌 23%，單純做多大跌 26%，上述多空模型損失 22%，跟大盤差不多。大盤報酬率的日報酬率與 130／30 多空模型的日報酬率散布圖如圖 10-15，可以看出斜率約 45 度，也就是系統風險 beta 約 1.0。

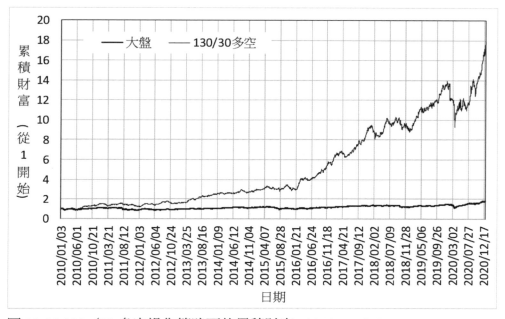

圖 10-14 130／30 多空操作策略下的累積財富　資料來源：作者整理

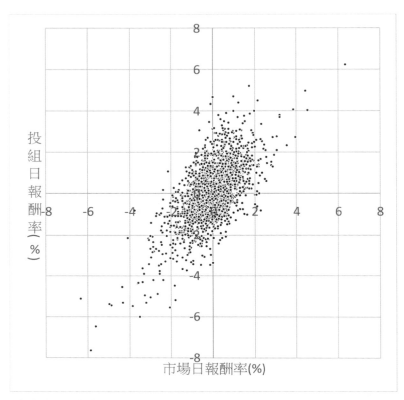

圖 10-15 大盤報酬率的日報酬率與 130／30 多空操作策略的日報酬率散布圖

資料來源：作者整理

𝕀 10-3 市值規模：市值較大股票效果佳

前面一節已經證實，130／30 多空操作策略可以放大報酬，但不放大風險。然而對於擁有大量資金的投資人而言，市值前 50%公司的市值門檻約30～40 億元，雖然選出 10 檔股票，買賣時的流動性可能仍然不足，因此本節把做空模型賣出規則中的市值限制改為「市值前 20%」，但做多的市值限制不變，也就是做空只限大型股，做多則限中大型股。此外，並非每檔股票都可做空，因此做空賣出規則中的排名改為「前 300 名」，以保證有足夠的

股數可選。

圖 10-16 顯示它的累積財富圖。它的最終財富遠超過單純做多，年化報酬率高達 27.1%，但略低於前一節的較寬鬆市值限制下的績效。且過程十分平穩，年化報酬率標準差只有 19.6%，系統風險 beta 約 0.83。顯示 130／30 策略在流動性放大的要求下，仍有不錯的績效。

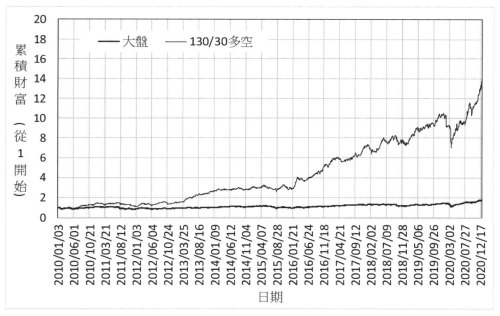

圖 10-16 多空操作策略下的累積財富：市值較大股票 資料來源：作者整理

📈 10-4 交易周期：季報日換股效果仍相同

前面各節的交易周期為每月第一個交易日，然而對於某些偏好較長交易周期的投資人而言，每月交易一次過於頻繁。因此本節把做空模型的交易周期改為季財報公告截止日的隔天交易，但做多的交易周期不變，其餘回測方法同前面各節，結果如圖 10-17。顯示它的最終財富遠超過單純做多，年化報酬率 29.3%，跟前面「每月第一個交易日」的績效相近。且過程十分平

穩，年化報酬率標準差 19.9%，系統風險 beta 約 0.87。顯示 130／30 策略在交易周期拉長的要求下，仍有不錯的績效。

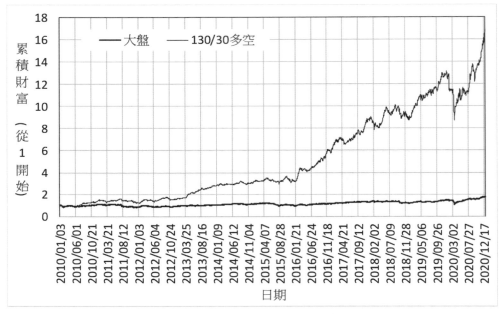

圖 10-17 多空操作策略下的累積財富：較長選股周期　資料來源：作者整理

📊 10-5 選股數目：較多選股股數效果佳

為配合做空操作策略，前面各節的賣出規則為賣出（券賣）「市值前50%」且「加權評分法排名在最差前 30 名」的股票。由於這兩個條件要同時滿足，因此理論上真正買入的股數約 15 檔。

理論上，排名愈前的股票越差，下跌潛力較高。因此提高排名門檻可能可以提升做空的年化報酬率。但為了改善做空的流動性，將做空模型賣出規則中的「最差前 30 名」改成「最差前 100 名」，但做多的買入規則不變，其餘回測方法同前面各節，結果如圖 10-18。顯示它的最終財富遠超過單純做多，年化報酬率高達 30.3%，跟前面「最差前 30 名」的績效相近。且過程十

分平穩，年化報酬率標準差約 20.4%，系統風險 beta 約 0.87。顯示 130／30 策略在選股股數增加的要求下，仍有不錯的績效。

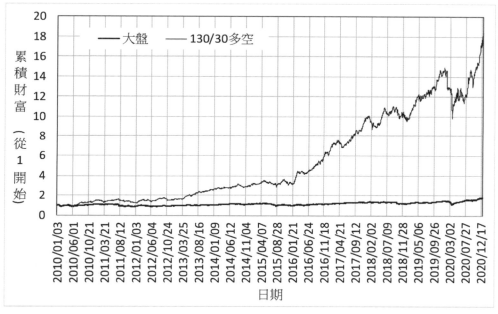

圖 10-18 多空操作策略下的累積財富：較多選股股數　資料來源：作者整理

📈 10-6 回測時期：不同選股時期效果懸殊

本章前面各節的回測期間為 2010 年 1 月初到 2020 年 12 月底，共 11 年。為了讓投資人對選股模型有信心，在此將回測期間改為 2000 年 1 月初到 2009 年 12 月底，共 10 年。

為了讓讀者了解多空操作策略的影響，在此根據前面幾章的結論，採用最佳的做多與做空選股模型：

做多選股模型：ROE-PB-R 等權三因子選股模型做多。

做空選股模型：ROE 單因子選股模型做空。不採用之前的 ROE-PB 等權

雙因子選股模型做空是因為，它在 2000～2009 年這段期間的表現比 2010～
2020 年好很多，而 ROE 單因子選股模型在這兩段期間的績效相近，為了公平
比較這兩段期間的多空策略績效，採用比較穩健的後者做為做空選股模型。

其餘回測方法同前，將這兩個模型回測期間的全程績效繪成圖 10-19（50
／50 策略）與圖 10-20（130／30 策略）的累積財富圖。分析如下：

50／50 策略

最終財富與單純做多相近，年化報酬率 19.4%。但過程十分平穩，年化
報酬率標準差只有 16.7%，系統風險 beta 低到-0.03。例如在 2008 年下半年的
金融海嘯中幾無損失，可以安然度過，但代價是在 2009 年上半年的股市大反
彈中，幾無獲利。

130／30 策略

最終財富遠高於單純做多，年化報酬率高達 32.3%。但過程並不平穩，
年化報酬率標準差也高達 37.3%，系統風險 beta 約 0.90。例如在 2008 年下半
年的金融海嘯中損失很大，甚至大於單純做多。

為何 130／30 的跌幅反而高於單純做多？這是因為做空模型在這段期間
表現很差，也就是根據 ROE 選小選出的股票並未大跌，一個可能的解釋是：
ROE 選小選出的股票，可能在金融海嘯之前即已大跌，等到進入金融海嘯，
反而跌無可跌。但 130／30 策略的好處是，在 2009 年上半年的股市大反彈
中，幾乎恢復到大跌前。

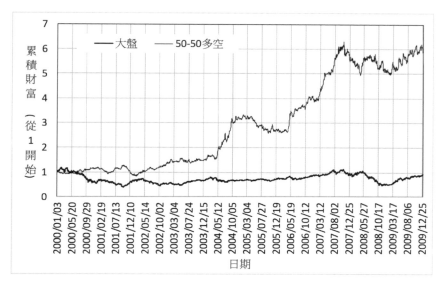

圖 10-19 50／50 多空操作策略下的累積財富：不同選股時期

資料來源：作者整理

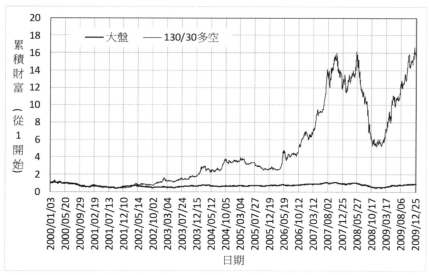

圖 10-20 130／30 多空操作策略下的累積財富：不同選股時期

資料來源：作者整理

⌖ 10-7 總結：多空操作策略迷人又危險

如何放大報酬，但不放大風險？這可以透過做多與做空並行的多空操作策略，但做多與做空比例不對稱來達成。例如 130／30 策略是以 1.3 倍的槓桿做多，0.3 倍做空。它可以創造一個具有 1.6 倍槓桿，但系統風險接近 1.0 的投資組合。

本章結論如下：

1.由於 130／30 策略用 1.3 倍資金做多，0.3 倍資金做空，因此做多獲得 1.3 倍的市場報酬率，被做空損失的 0.3 倍市場報酬率抵銷部分，剩下 1.0 倍的市場報酬率，因此系統風險維持不變。

2.當做多與做空的超額報酬率相同，且扣掉交易成本後為正值，130／30 策略可以將此值放大 1.6 倍。

3.本章根據前面幾章的結論，採用 ROE-PB-R 等權三因子選股模型做多，ROE-PB 等權雙因子選股模型做空。結果顯示，50／50 策略可以創造一個年化報酬率略低於單純做多，但系統風險 beta 接近 0 的市場中立投資組合。130／30 策略可以創造一個年化報酬率略高於單純做多，但系統風險 beta 約 1.0 的投資組合。但這些都只扣除交易成本，沒有扣除融資／融券的利息成本。

這些策略的風險報酬關係如圖 10-21（系統風險）與圖 10-22（總風險），投資人透過選股模型做多，可以在不增加風險下，提升報酬。如果投資焦點是降低風險，可考慮採用 50／50 多空操作策略；如果是要提升報酬，則可考慮採用 130／30 多空操作策略。要注意的是，雖然 50／50 多空操作策略可以抵銷系統風險，但無法抵銷非系統風險，因此仍有可觀的總風險。

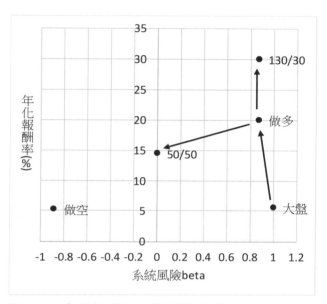

圖 10-21 各種策略的系統風險報酬關係 資料來源：作者整理

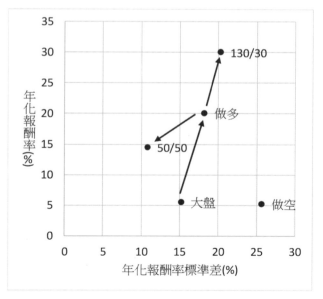

圖 10-22 各種策略的總風險報酬關係 資料來源：作者整理

第 11 章

建立自己的投資組合
──靠耐心與邏輯獲得長期高報酬

本書目的是為投資提供正確可靠的知識，這些知識不但透過合理的定性分析，還經過回測實證的定量驗證。本章將把這些知識做一個完整的總結。

📈 11-1 投資的目標

投資人的目標不外乎兩個：

最大化報酬

台灣股市的長期年化報酬率大約 7%～8%，但扣除交易成本、稅、通貨膨脹，實質的財富成長率只有約 3%～4%。假設財富成長率 3%，30 年下來，1 元的財富會變成 2.4 元（已扣除通貨膨脹），增加財富的效果並沒有想像中高。因此，投資人無不想提高報酬率。如果能把年報酬率從 8% 提高到 15%（已扣交易成本，但未扣稅、通貨膨脹），則實質的財富成長率大約 10%，30 年下來，1 元的財富會變成 17.4 元（已扣除通貨膨脹），與上述的 2.4 元相差 7.2 倍。

但要注意的是，複利效果的先決條件是獲利要再投資，不能賺了就立即消費，因此財富真正的實質成長率還要把獲利率乘以「再投資率」，例如在股市獲利率 15%，賺到的錢 20%消費，80%投入股市，那麼財富真正的實質成長率只有 80%×15%＝12%。

最小化風險

股市長期向上，但過程常劇烈起伏，所以股市值得投資，不過要考慮風險。風險是指投資者在投資過程中，遭受損失或達不到預期收益率的可能性。就性質而言，可分為「系統性風險」和「非系統性風險」。證券投資的總風險是系統風險和非系統風險的總和。系統風險是指由於全局性事件引起投資收益變動的不確定性；非系統風險是指由局部性事件引起投資收益率變動的不確定性。

許多經典投資學的書都強調，可以透過將資金分散在大約 30 檔股票，消減「非系統風險」，但也強調無法消除「系統風險」。然而筆者不同意這種看法，因為如果把 30 年投資期間中的每一年看成是一檔股票，這 30 檔股票中大約有 2／3 年度年報酬率會落在-10%～30%，但是有一兩年可能會大跌超過 40%或大漲超過 60%。如果連續投資 30 年，中間劇烈的年度報酬率波動，並不影響最終財富，從這個觀點來看，不就相當於消除了系統風險？簡言之，「分散持股消除非系統風險；持續投資消除系統風險」。

最後要注意的是，持續投資是建立在資金的可持續性，而非只是自有資金。例如打算 3 年後購屋的錢，不能視為可持續性資金。因為萬一 3 年後股市大跌，卻因購屋需求被迫賣出股票，就無法度過大跌期，熬到反彈期了。當然更不能有財務槓桿，如果財務槓桿是 2，遇到股市大跌 50%，投資人將會破產。

假設投資人以可持續性資金持續投資 30 年，則風險並非投資需要考慮的限制條件，投資人可以全力追求最大化報酬。

📊 11-2 操作的策略

第 9 章與第 10 章指出，股市劇烈起伏，但長期向上，因此做空操作策略明顯不如做多操作策略，更何況做空操作策略在實務上有許多限制與缺點。而多空操作策略雖有優點，但無法完全免除做空操作策略以及財務槓桿的缺點，操作也比單純做多複雜許多。因此筆者還是推薦投資人使用單純的做多操作策略。

📊 11-3 選股的方法

前面各章指出，「獲利因子＋價值因子＋慣性因子」（ROE-PB-R）等權三因子選股模型有很高的年化報酬率、可接受的年化報酬率標準差與系統風險、適當的平均持股數（約 15 檔），以及可接受的年交易成本。因此建議用採用它為做多操作策略的選股模型，即以 ROE 選大、P／B 選小，近一個月（或 20 個交易日）報酬率 R 選大，三個因子各自評分後，以等權加權評分排序選股。

📊 11-4 選股的篩選

為了排除規模太小公司的股票，選股池只包含台灣所有上市及上櫃股票中市值超過中位數的股票，也就是市值前 50%的股票。

此外由於金融業、營建業、生技業產業特性較特殊，不適合用財報因子以加權評分排序選股。因此選股池可以考慮排除這些產業，或限制這些產業在投資組合的資金比例合計不超過 10%或 20%。

📊 11-5 持股的數目

加權評分選股模型可以將股票排序，為了選出「精英」，選出的股票要少於 30 檔；但為了消減「非系統風險」，選出的股票不可太少，即使資金

少，也要分散在 10 檔以上。因此可以透過選股模型選出 10～30 檔股票。

此外，每檔股票的資金比例要相近，而非少數幾檔占用多數資金。例如 30 檔股票時，每檔股票的資金應維持在 2～5%。

📈 11-6 換股的周期

投資人應定期使用加權評分選股模型換股。為了充分利用最新資訊，選股周期不可太長，例如一季；但為了控制交易成本，選股周期不可太短，例如一個月。因此可以每隔 1～3 個月用選股模型換股一次，筆者推薦大約兩個月一次，一年大約六次，其中三次可以考慮配合財報公告日，以充分利用最新的財報資訊。

📈 11-7 建立自己的投資組合

上述的選股規則可以用專業的投資決策系統（例如 CMoney）來實現，但一般投資人並無這種系統。以下提出一個簡化版的選股模型，這個方法不把「慣性因子」當作評分因子之一，而是先用「獲利因子＋價值因子」的等權雙因子選股模型排序選出少量股票，再把「慣性因子」表現不佳的股票排除。實際步驟如下：

步驟 1：下載個股本益比、股價淨值比

台灣證券交易所的官網可下載所有上市公司最新的「個股日本益比、殖利率及股價淨值比」資料（可用Google關鍵字搜尋下載資料的網頁），集中在一個 Excel 工作表。詳細步驟請參考筆者的另一著作《證券投資分析：使用 Excel 實作》（博碩，2017）。

步驟 2：計算股東權益報酬率

股東權益報酬率＝股價淨值比／本益比

台灣證券交易所官網下載的本益比是近四季本益比，因此上式算出的股東權益報酬率，也是近四季股東權益報酬率，而非本書使用的最近一季股東權益報酬率。但兩者各有優缺點：近四季股東權益報酬率較穩定，但資訊較舊，市場可能已經反映大部分的資訊。最近一季股東權益報酬率較不穩定，但資訊較新，市場可能尚未反映大部分的資訊。

步驟 3：以雙因子選股模型評分排序

利用股東權益報酬率、股價淨值比分別得到「獲利因子」評分與「價值因子」評分，再以等權雙因子選股模型排序選出 60 檔股票。

步驟 4：排除流動性相對較低的股票

排除市值較小的 50%股票，不是因為小型股報酬率較低，而是其財報精準性、穩定性較低，不適合用財報中的因子以加權評分法排序選股。但一般投資人可能不方便取得個股市值，因此替代方法是以「近 20 交易日的平均成交值」來排除小型股。雖然「成交值」不完全與「市值」大小成正比，但近 20 交易日的平均成交值與市值大致呈現正比關係。因此可以把步驟 3 選出的 60 檔股票估計成交值（不需要很準確），排除成交值較小一半的股票。

事實上，一些知名公司市值明顯高於市場的中位數（約 50 億元），這種股票並不需要估計成交值。對於知名度較小的公司，投資人可利用 Yahoo 的技術分析，取得近 20 交易日的平均成交量（MV20）、近 20 交易日的平均股價（MA20），並以下列公式計算

近 20 交易日的平均成交值＝近 20 交易日的平均成交量（MV20）×近 20 交易日的平均股價（MA20）

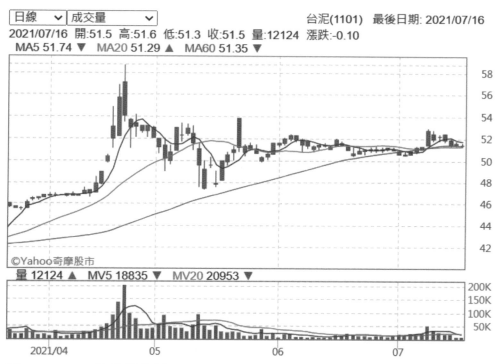

圖 11-1 Yahoo 的技術分析　資料來源：Yahoo 股市

例如圖 11-1 中

近 20 交易日的平均成交量（MV20）＝20953 張

近 20 交易日的平均股價（MA20）＝51.29 元／股

近 20 交易日的平均成交值估計值＝20953 張×1000（股／張）×51.29（元／股）＝10.7 億元

步驟 5. 排除近期報酬率相對較差的股票

雖然一般投資人可以利用 Yahoo 的技術分析取得股價，但股票因為除權息的關係，股價的變化率並不一定能代表報酬率。一般來說，除權息大概都

集中在每年的 6～9 月，尤其 7、8 月更是除權息的旺季。因此這段時間股價變化率與股票報酬率，可能有很大的差異。

即使如此，股價變化率還是可以當成股票報酬率的估計值。由於在步驟 3 已選出 60 檔，步驟 4 排除了一半，因此剩下約 30 檔，建議再排除股票最近一個月報酬率較低的一半，剩下 15 檔做為持股。

📈 11-7 30 年後煮酒論英雄

許多投資人說「股市是賭場」，這句話不完全正確。如果投資人以賭博的手法投資股市，例如單押一檔股票、採用財務槓桿、短進短出、期待一夕致富，那麼「股市是賭場」這句話完全正確。

然而投資人如果是以投資的方法介入股市：持有足夠多檔股票的投資組合、不採用財務槓桿、以可持續資金永續投資股市、在適當周期依照價值投資與趨勢投資的邏輯換股、期待投資 30 年後致富，那麼「股市是賭場」這句話完全錯誤。舉一個最簡單的例子，投資人在 2003 年 1 月初買進 ETF 台灣 50（0050），什麼事也不用做，過了 18 年多，到了 2021 年 7 月，累積報酬率約 440%，年化報酬率約 9.5%，顯然股市不是賭場。

為了充分利用複利效果，以及分散風險，投資人投資股市應該至少連續 10 年。投資人可以期待在有耐心、有邏輯地投資 30 年後致富，但不能期待 3 年後致富。願與所有投資人共勉之。

NOTE

2010～2020 年 以三因子模型買賣股票

本書採用 CMoney 法人投資決策支援系統回測，為了讓讀者可以檢視回測的詳細內容，本附錄以「獲利＋價值＋慣性」等權三因子加權評分法選股模型為例：

獲利因子：股東權益報酬率（ROE）（選大）

價值因子：股價淨值比（PB）（選小）

慣性因子：前一個月的股票月報酬率（R）（選大）

回測參數如下：

回測期間：2010 年 1 月初到 2020 年 12 月底，共 11 年的股市資料。

股票樣本：台灣所有上市及上櫃股票中，市值前 50%的股票。

交易成本：依現行股票交易實務計算。

交易周期：每月的第一個交易日。

選股比例：股票比例採用加權評分法排名前 30 檔股票。

下市個股： 包含下市個股。

個股權重： 個股相同權重。

交易價格： 當日收盤價。

操作方式： 做多操作。

買入規則： 買入「市值前 50%」且「加權評分法排名前 30 名」股票。

賣出規則： 賣出所有不滿足買入規則的股票。

以下列出選股模型橫跨 11 年之每月買入、賣出股票紀錄，其中 2020/11/02（11 月的第一個交易日）記錄買入長榮（2603），而在 2021/01/04（1 月的第一個交易日）記錄賣出長榮，模型禁得起讀者重複檢驗。（註：2021/1～2 月是後來補充）

日期	實際買進	實際賣出
2010/01/04	1409,1532,1603,1608,2010,2014,2017,2031,2433,2492,2514,2534,6015,6021,6191,6214	
2010/02/01	1308,1312,1442,1451,2009,2022,2376,2511,2820,2841	1409,1603,2010,2014,2031,2433,2492,6015,6021,6191,6214
2010/03/01	1304,1314,1447,1455,2031,2492,2905,3036,5469	1308,1312,1442,1451,1532,2022,2376,2511,2514,2534,2820,2841
2010/04/01	1809,2337,2841,2849,2850,2851,6191,6214,6257	1304,1447,1455,1608,2009,2017,2031,2492,2905,3036,5469
2010/05/03	1313,1455,2327,2376,2530,2610,3036,5356,9907	1314,1809,2337,2841,2851,6191,6214,6257
2010/06/01	1215,1718,2511,2614,2809,8107	1313,1455,2327,2530,2849,2850,3036
2010/07/01	1312,1314,1531,1605,2206,2504,2520,2547,2845,2849,2887,5820	2376,2511,2614,8107
2010/08/02	1313,1447,1504,1517,1709,2201,2352,2534,3036,4938	1215,1314,1531,2206,2504,2547,2610,2809,2887,5356,9907
2010/09/01	1104,1314,1444,1618,1904,2010,2014,2459,2506,2618,2852	1312,1313,1447,1504,1517,1605,1709,1718,2201,2352,2534,2845,2849,3036,4938,5820
2010/10/01	1308,1440,2204,2312,2345,2409,3036,3481,5443,6120,6147,6176	1104,1904,2010,2014,2459,2506,2520,2852
2010/11/01	1104,1312,1434,1451,1718,1909,2303,2430,2433,2603,2609,2852,3703,5533	1308,1314,1440,1444,1618,2204,2312,2345,2409,2618,3036,3481,5443,6120,6147,6176
2010/12/01	1308,2344,2449,2459,2530,2888,2889,3028,3265,4526,5512,5820,6020,6021,6136,6176	1104,1312,1434,1451,1718,1909,2430,2433,2603,2609
2011/01/03	1104,1309,1312,1434,1909,2603,2609,2615,2820,2823,2838,2855,6016,9924	1308,2303,2344,2449,2459,2888,2889,3028,3265,4526,5512,6020,6136,6176
2011/02/08	1718,2303,2327,2344,2433,5347,5434,6136,6139,8039,8110	1104,1312,1909,2530,2609,2615,2823,2838,2852,3703,5533,5820,6016,6021,9924
2011/03/01	1414,1815,2383,3576,3703,5425,9924	1309,1434,2303,2327,2344,2603,2820,2855,5347,5434,6139,8039,8110
2011/04/01	1101,1103,1104,1215,1309,1434,1476,1618,1909,2530,2547,2852,2888,9938	1414,1718,1815,2383,2433,3576,5425,9924
2011/05/03	1604,1609,2367,2514,2527,5213,5533	1101,1103,1104,1215,1309,1434,1476,1618,1909,2547,2852,2888,6136,9938

日期	實際買進	實際賣出
2011/06/01	1309,2206,2376,2506,5434	1604,2367,2530,5213
2011/07/01	1442,1451,1459,1709,2017,2023,2509,2530,2547,2809,2820,2823,2845,5213,6196	1309,1609,2206,3703,5434
2011/08/01	1103,1309,1312,1440,1444,1447,1455,1604,1609,8936	1442,1451,1709,2017,2023,2509,2547,2809,2820,2823,2845,5213,6196
2011/09/01	1219,1416,2029,2377,2433,2906,3028,8110	1103,1309,1312,1440,1444,1447,1455,1459,1604,1609,2376,2506,2514,2527,2530,5533,8936
2011/10/03	2338,2355,2705,2820,3518,5425,5515,6191	1416,2029,2433,2906,3028
2011/11/01	1414,1517,1527,2012,2399,3078,3596,5512,6251	1219,2338,2377,2705,2820,3518,5425,5515,6191,8110
2011/12/01	1609,2301,3265,3679,3703,4942,6139	1414,1517,1527,3078,3596,5512,6251
2012/01/02	1414,1527,3003,3024,6196	1609,2301,2355,2399,3265,3679,3703,4942,6139
2012/02/01	1809,2316,2383,2538,3030,3265,3305,4526,4927,5469,5512,6191,6230,8042,8240	1414,1527,2012,3003,3024,6196
2012/03/01	2017,2355,2536,3056,3596,5511,6196	1809,2316,2383,2538,3030,3265,3305,4526,4927,6191,6230,8042,8240
2012/04/02	1315,1436,1460,2501,2534,2820,3706,4306,6139,9924	2017,2536,3056,3596,5469,5511,5512,6196
2012/05/02	1305,1417,1604,1608,1612,1726,2352,2812,2851,3703,4506,6274	1315,1436,2501,2534,2820,3706,4306,6139,9924
2012/06/01	1444,1447,2327,2331,2377,2406,2514,2890,3260,6021,6196,6239,8110	1305,1417,1460,1608,1612,1726,2352,2812,4506
2012/07/02	1305,2812,2838,2845,2849,2886,2887,2888,5511,5512,5515,5534	1444,1604,2327,2331,2377,2406,2514,3260,6021,6196,6239,6274,8110
2012/08/01	1104,1108,1417,1612,1712,1718,2514,2809,2852,4506,6015,6021,8213	1447,2812,2845,2849,2886,2888,5512,5534
2012/09/03	1416,1815,2527,2534,5469,6251,8096	1104,1108,1305,1417,1612,1712,1718,2355,2514,2809,2838,2851,2852,2887,2890,3703,4506,5511,5515,6015,6021,8213
2012/10/01	1104,1312,3703,3706	5469,8096
2012/11/01	1215,1608,1904,2603,2609,2616,2852,3058,5512,5533,6015,6136	1104,1312,1416,1815,2527,2534,3703,3706,6251

日期	實際買進	實際賣出
2012/12/03	1447,1589,2331,2376,2377,2509,2605,2812,3059,4942,6021,8110	1608,1904,2616,2852,3058,5512,5533,6136
2013/01/02	1444,1531,1618,2351,2477,5425,5512,5533	1215,2331,2377,2509,2603,2605,2812,3059,6021,8110
2013/02/01	2459,2509,2809,2823,2867,3058,4930,6021,6274	1444,1447,1531,1618,2376,2477,2609,4942,5425
2013/03/01	1215,1612,2323,2376,2377,2449,2515,2603,2852,2888,5425,8411	2459,2809,2823,2867,3058,4930,5512,5533,6021
2013/04/01	1234,1909,2913,6116,6188,9802,9946	1215,1589,1612,2323,2351,2376,2377,2449,2509,2515,2603,2852,2888,5425,6015,6274,8411
2013/05/02	1907,2527,2548,2850,5356,5608,6196	1234,9946
2013/06/03	1447,1522,2022,2303,2312,2356,2377,2387,2888,5425,5515	1907,1909,2527,2548,2850,2913,5356,5608,6116,6196,9802
2013/07/01	1305,1442,1527,2008,2530,2887,3305,5356,8427,910322	1522,2022,2387,5425,5515
2013/08/01	1108,1522,1589,1718,1909,2029,2816,2820,2867,5425,5515	1305,1442,1447,1527,2303,2312,2356,2530,2887,2888,3305,5356,6188,8427,910322
2013/09/02	1104,1806,2405,2409,3481,3596,4934,6116	1108,1522,1589,1718,1909,2029,2816,2820,2867,5425,5515
2013/10/01	2316,2365,2367,2401,2456,2476,3576,3706,6139	1806,2008,2405,2409,3481,3596,4934,6116
2013/11/01	1604,1806,1909,2008,2107,2376,2506,2812,2816,2867,4934,6125,8021	1104,2316,2365,2367,2377,2401,2456,2476,3576,3706,6139
2013/12/02	2009,2377,2509,2524,2535,2547,2614,2851,2915,3679,3704,4930,5512,5533,6116	1806,1909,2008,2107,2506,2812,2816,2867,4934,6125,8021
2014/01/02	1809,2327,2352,2405,3078	2376,2509,2524,2535,2547,2614,2851,2915,3704,4930,5512,5533,6116
2014/02/05	2316,2332,2376,2477,2509,2524,2841,2851,3036,3605,5533,6274	1604,1809,2009,3078,3679
2014/03/03	1215,2409,2614,6116,6196,8110	2316,2332,2405,2524,2841,2851,3036,6274
2014/04/01	1103,1210,2331,2362,2506,2547,2841,3052,3533,4938,5371,6120,8069	2327,2352,2376,2377,2409,2477,2509,2614,3605,5533,6116,6196,8110

日期	實際買進	實際賣出
2014/05/02	1102,1109,1609,2352,2615,2637,2850,2915,2923,3605,3703,8213	2362,2506,2547,3052,3533,4938,5371
2014/06/03	1229,2327,2359,2377,2601,2816,6015,6125,6196,8926	1102,1103,1109,1210,1215,1609,2331,2352,2615,2637,2841,2850,2915,2923,3605,3703,6120,8069,8213
2014/07/01	1215,2312,2352,2885,2915,6016,6116	2359,2377,2601,2816,6125,6196
2014/08/01	1409,2520,2536,2601,2809,2812,2816,2838,5522,5533	1215,1229,2312,2327,2352,2885,2915,6015,6016,6116,8926
2014/09/01	1108,1604,1810,2009,2020,2030,2107,2312,2387,2401,2404,2867,2890,3703,8046,8110	1409,2520,2536,2601,2812,2816,2838,5522
2014/10/01	2538,2615,2812,3036,5512	1604,2020,2030,2107,2312,2387,2401,2404,2890,8046,8110
2014/11/03	1314,1402,1605,2020,2107,2409,2535,2542,2545,2885,2891,3481,5820,6021	1810,2009,2615,2809,2812,2867,3036,5512
2014/12/01	1718,2368,2492,2506,2527,2850,2905,2923,5469,5512,6108	1108,1314,1402,1605,2020,2107,2409,2535,2538,2542,2545,2885,2891,3703,5533,5820,6021
2015/01/05	2324,2344,2387,2409,2603,2609,2636,2849,2915,3017,3265	2368,2492,2506,2850,2905,2923,5469,5512,6108
2015/02/02	1416,2374,2459,2867,4930,5371,5469	2324,2344,2387,2603,2609,2636,2849,3017,3481
2015/03/02	1459,1605,2324,2492,2506,2536,2881,2905,5533,6177,8112,9105	1416,1718,2374,2409,2459,2867,2915,4930,5469
2015/04/01	1464,1808,2316,2548,2841,3005,3056,4930,6120,8069	1459,1605,2324,2492,2506,2527,2536,2881,3265,5371,5533,6177,8112
2015/05/04	1722,1905,2324,2511,2536,3481,5213,5522,5525	1808,2316,2905,3005,3056,6120,8069,9105
2015/06/01	1108,1457,2031,2316,2401,2409,2515,2637,2705,2812,3005,3706,4506,5533,6116	1464,1722,1905,2324,2511,2548,2841,4930,5525
2015/07/01	1203,1416,2605,2612,2820,2845,2851,8021	1108,2401,2409,2536,3481,4506,5522,6116
2015/08/03	1108,1305,1603,1904,2204,2536,2538,2832,2838,2849,2850,2867,2888,2905,3028,3703,5522,8427	1203,1416,1457,2031,2316,2605,2612,2637,3005,3706,8021
2015/09/01	1309,1312,1313,1457,1709,1718,2316,2352,2374,2409,2492,3481,4306,5309,5525,8249,9934	1108,1603,1904,2204,2515,2536,2538,2705,2812,2820,2832,2838,2845,2849,2850,2851,2888,2905,3028,3703,5213,5533,8427

日期	實際買進	實際賣出
2015/10/01	2362,2481,2636,2905,6196,8069,8105,8429,8916	1305,1309,1312,1313,1457,1718,2352,2409,2867,3481,4306,5309,5525,8249
2015/11/02	1305,1309,1313,1337,1442,1909,2014,2303,2331,2538,2855,2923,3706,5469,5536,6016,6139,6274	1709,2362,2481,2636,2905,6196,8069,8105,8429,8916,9934
2015/12/01	1217,1530,2206,2850,3049,8105,8163	1305,1309,1313,1337,1442,1909,2014,2303,2316,2331,2374,2492,2538,2855,2923,3706,5469,5522,5536,6016,6139,6274
2016/01/04	1409,1451,1611,2014,2388,2409,2605,2637,3056,3596,4906,6024,6139	1530,2206,2850,3049,8105
2016/02/01	2387,2421,3049	1217,1409,1451,1611,2388,2409,2605,2637,3056,3596,4906,6024,8163
2016/03/01	1605,1611,1808,2492,2612,2841,4999,5371,6024,6196,8069,8163	2014,2387,2421,3049
2016/04/01	2010,2387,2489,2509,2511,2520,3056,4141,5213,5522,6177,9946	1605,1611,1808,2492,2612,2841,4999,5371,6024,6139,6196,8069,8163
2016/05/03	1605,2537,2888,3015,3679,6212,8938	2387,2509,2511,2520,3056,5213
2016/06/01	1437,2204,2387,2430,2535,2536,2545,6196,6244,8070,8427	2010,2489,2537,2888,3015,3679,5522,6177,8938,9946
2016/07/01	1104,1416,1909,2029,2489,2809,2820,5534,6024,6125,8112	1437,1605,2204,2387,2535,4141,6196,6212,6244
2016/08/01	1312,1604,1605,1815,2031,2387,2823,2885,3005,3305,4141,5469,6173,6191	1104,1909,2029,2430,2536,2545,2820,5534,6024,6125,8427
2016/09/01	1305,2014,2023,2029,2328,2545,2614,2905,3056,4942,5522,6139,8069,9934	1312,1604,1605,1815,2031,2387,2489,2823,2885,3005,3305,4141,5469,6173,6191
2016/10/03	1313,1437,1519,1806,2371,2476,2501,2867,5469,6108,8110	1305,2029,2545,2809,2905,3056,6139,8069,8070,8112,9934
2016/11/01	1234,1304,1604,1605,1714,1718,2006,2029,2204,2340,2535,2905,8112	1313,1416,1519,1806,2328,2371,2476,2501,2614,4942,6108,8110
2016/12/01	1609,1810,2374,2520,2850,2852,2882,2888,3019,6116,6191	1234,1304,1437,1604,1714,1718,2006,2014,2023,2029,2204,2340,2535,5522,8112
2017/01/03	1904,2331,2337,2409,2855,2936,3481,3605,4906,6108	1605,1609,1810,2520,2850,2852,2867,2882,2888,2905,5469,6116,6191
2017/02/02	1603,1605,1609,1810,2352,2614,3706,6116	1904,2337,2374,2855,2936,3605,4906,6108
2017/03/01	1103,2340,2369,2374,2855,3673,5371,5469	2352,2409,3481,3706,6116

日期	實際買進	實際賣出
2017/04/05	1339,2030,2352,2367,2426,2457,2511,2535,3037,3481,5213,5907,6116,8046,8110,8938	1103,1603,1605,1609,1810,2331,2340,2369,2374,2614,2855,3019,3673,5371,5469
2017/05/02	1463,1714,1909,2374,2409,6235,8429	1339,2030,2367,2426,2457,2535,5907,8046,8110,8938
2017/06/01	1312,1437,1442,2030,2387,2401,2504,2601,2809,2913,3548,3706,4128,5512,5907,8112,8150	1463,1714,1909,2352,2374,2409,2511,3037,3481,5213,6116,6235,8429
2017/07/03	1314,1455,1718,1906,2014,2020,2023,2029,2031,2409,2534,2816,2850,2851,2852,2855,3481,6016,6116,8429	1312,1437,1442,2387,2504,2913,3548,3706,4128,5907,8112,8150
2017/08/01	1309,1312,1608,1609,1904,2481,2504,2616,2913,3548	1455,2014,2020,2023,2029,2401,2409,2534,2601,2809,2816,2850,2851,2855,3481,6016,8429
2017/09/01	1109,1907,2104,2409,2534,2603,2610,2867,2888,2905,3056,6177	1309,1312,1608,1609,1718,1904,2030,2031,2481,2504,2616,2852,2913,3548,5512
2017/10/02	1434,1626,1712,2816,3481,3703,4755,6024,6278	1906,1907,2409,2534,2603,2610,2888,2905,3056,6116,6177
2017/11/01	1609,2409,2534,2851,2888,2905,3056,4157,9934	1314,1434,1626,1712,2104,3481,4755,6024
2017/12/01	1309,1312,1313,1605,1718,1907,2618,2850,2852,3015,3028,6005,6016	1109,2409,2534,2905,3056,4157,6278,9934
2018/01/02	1109,1459,2009,2514,2603,2609,5469,9945	1609,1718,2816,2850,2851,2852,2867,3015,3028,6005,6016
2018/02/01	2409,2548,2809,2850,2851,2855,2881,3481,5371,6016,6026,6116,8924	1109,1309,1312,1313,1459,1605,1907,2009,2514,2609,2618,3703,5469
2018/03/01	1218,1312,1313,1605,1907,2816,2852,3015,3028,3033,5820	2409,2548,2603,2809,2855,2881,3481,5371,6016,6026,6116,8924,9945
2018/04/02	1457,1611,2534,2535,2536,2915,3265,4958,5213,5525,5531,5907,9945,9946	1218,1312,1313,1605,1907,2816,2850,2851,2852,2888,3015,3028,3033,5820
2018/05/02	1103,1309,1605,2367,2524,2601,2617,2855,2903,4306,5469,5533	1457,2534,3265,4958,5525,5531
2018/06/01	1457,1718,1904,2014,2362,2409,2430,2850,2851,3056,6116,6191,8429	1103,1611,2367,2524,2535,2536,2601,2617,2855,2903,5533,9945,9946
2018/07/02	1109,2515,2834,2838,2882,3706,5533	1309,1605,1718,1904,2362,2409,2430,2850,2851,2915,4306,5907,6116,6191

日期	實際買進	實際賣出
2018/08/01	1102,1103,1314,1402,1532,1605,1904,2201,2362,2409,2617,2812,2849,2850,2885,3481,4927,4942,5522,6116	1109,1457,2515,2838,2882,3056,5213,5469,5533,8429
2018/09/03	1447,1451,1718,2316,2547,2816,2852,2867,3265,3703,5525,6108,6282,9907	1102,1103,1314,1402,1532,1605,1904,2014,2201,2362,2409,2617,2812,2849,2850,2885,3481,3706,4927,5522,6116
2018/10/01	1459,2501,2617,2855,5907,6016	1451,1718,2316,2867,3265,3703,4942,6108
2018/11/01	1451,1712,2614,2637,4745,4927,4999,6108,6176,6197	1447,1459,2547,2816,2834,2852,2855,5525,5907,6016,6282,9907
2018/12/03	1103,1109,1605,2368,2392,2456,3037,3548,3703,4942,6284,8213,9945	1451,1712,2501,2614,2617,2637,4745,4999,6108,6176,6197
2019/01/02	1315,1409,1434,1532,2069,2546,3211,3708,8050	1103,1109,1605,2368,2392,2456,3037,3703,4927,4942,6284,8213,9945
2019/02/11	2014,2316,2324,2344,2408,2456,2501,3265,3703,3706,4552,4927,4942,4958,5371,5511,6108,8163,8213	1409,1434,1532,2069,2546,3211,3548,8050
2019/03/04	1409,2107,2328,2337,2392,2547,2809,3605,5469,6284,8043	2014,2324,2344,2408,2501,3708,4552,4927,5371,5511,6108,8163,8213
2019/04/01	1109,2317,2323,2442,2520,2545,3576,5525,8213,9946	1315,1409,2107,2328,2337,2456,2547,2809,3265,3605,3703,3706,4942,4958,5469,6284,8043
2019/05/02	1473,2337,2354,2359,2612,2923,5469	2392,2545,5525,8213
2019/06/03	1309,1437,1457,1608,2020,2206,2524,2816,2851,2852,2888,3703,5511,5519,5907	1109,1473,2316,2317,2323,2337,2354,2359,2442,2520,2612,3576,5469
2019/07/01	2316,2317,2362,2546,2881,2882,2885,2890,2915,3704,4927,5392,5469,6278,8924,9904,9945	1309,1437,1457,1608,2020,2816,2851,2852,3703,5519,5907,9946
2019/08/01	1309,1437,2442,2612,2615,2617,2637,2852,3265,3703,6191,6605,8213,9946	2206,2317,2362,2524,2546,2881,2882,2885,2888,2890,2915,2923,3704,4927,5392,5511,6278,8924,9904,9945
2019/09/02	1102,1103,1315,1339,1604,1626,2601,2888,2915,3048,4157,4745,5512,5519,6125,8105,8150,9945	1309,1437,2316,2442,2612,2615,2617,2852,3265,3703,5469,6191,6605,8213
2019/10/01	1109,1605,2514,2867,2905	1102,1339,1626,2637,2915,4745,5519,6125,8105,9945,9946
2019/11/01	1339,1437,1626,2362,2915,3605,4942,4974,5511,6125,8105,9945,9946	1605,2514,2601,2867,2888,3048,8150

日期	實際買進	實際賣出
2019/12/02	1907,2357,2548,2816,2867,2888,3036,3056,3679,4746,5607,6005,6282,8110	1109,1339,1437,1604,1626,2362,4157,4942,4974,5511,5512,6125,8105,9945
2020/01/02	1109,2375,2527,2536,2881,3548,3622,5469,6139,6261,8271	1315,2357,2548,2867,2905,2915,3036,4746,5607,6005,6282,9946
2020/02/03	1234,1409,1904,2107,2616,2809,2838,2850,2867,2905,2915,3211,4746,4927,5522,5820,8112,9945	1103,1109,1907,2375,2527,2536,2816,2881,2888,3056,3548,3605,3622,3679,5469,6139,6261,8110,8271
2020/03/02	1217,1315,1907,2316,2375,2536,2547,2851,2891,3706,4707,5469,5511,6191,6269	1234,2107,2838,2850,2867,2905,3211,4746,4927,5522,5820,8112
2020/04/01	1109,1308,1608,1611,2514,2524,2601,2605,2855,3265,3289,5522,5531,5907,6005,6016,6186	1217,1315,1409,1904,1907,2316,2375,2536,2547,2616,2809,2851,2891,2915,3706,4707,5469,5511,6191,6269,9945
2020/05/04	2426,2504,2540,2614,2929,3552,8110,8478,9946	1109,1308,1608,2514,2524,2601,2855,3265,5522,5531,6005,6016,6186
2020/06/01	1108,1309,1904,2201,2204,2536,3022,3703,8213,9945	1611,2426,2504,2605,2614,2929,3289,3552,5907,8110,8478,9946
2020/07/01	1440,2390,2524,2809,2823,2867,2881,2882,2885,2888,2905,2915	1309,1904,2201,2204,2536,2540,8213
2020/08/03	1309,1321,1541,1609,1714,1907,2201,2204,3036,3673,6251,8213,9946	1108,1440,2390,2809,2823,2867,2881,2882,2885,2888,3022
2020/09/01	1312,1313,1409,1605,1608,2323,2426,2603,2816,3015,4306,5521,6016,6191	1309,1321,1541,1609,2201,2204,2524,2905,2915,3036,3673,3703,6251,8213,9945,9946
2020/10/05	1109,1309,1315,1457,1609,1612,2013,2331,2535,2612,2615,2852,4746,6005	1312,1313,1605,1608,1714,1907,2323,2426,2603,3015,4306,6016,6191
2020/11/02	1312,1313,1605,1608,1714,1907,2323,2426,2603,2610,2823,6191,6282,8942	1109,1309,1315,1609,2013,2331,2612,2615,2852,4746
2020/12/01	1103,1604,1718,2023,2107,2881,3015,3048,3622,4306,5469,6016,6116	1312,1409,1457,1605,1608,1714,2323,2426,2535,2610,2816,5521,6191,6282,8942
2021/01/04	1217,1312,1409,1467,2201,2392,2612,2816,2855,5371,6605	1103,1604,1612,2107,2603,2823,3015,3048,3622,4306,5469,6116
2021/02/01	1604,2324,2353,2357,2409,2476,2809,2823,2915,3015,3028,3036,3231,4938,6116,6201,8213,8938	1217,1312,1313,1409,1467,1718,1907,2023,2201,2392,2612,2816,5371,6016,6605
2021/03/02	1312,1313,1612,1718,1907,2023,4306,4906,5469,5519,6191	1604,2324,2353,2357,2409,2476,2809,2823,2855,2881,3028,3036,3231,4938,6005,6116,6201,8213

2010～2020 年 三因子模型的投資績效

　　本附錄列出附錄 A 的「獲利＋價值＋慣性」等權三因子選股模型，橫跨 2010～2020 年每月的

　　‧買進檔數

　　‧賣出檔數

　　‧做多持股檔數

　　‧投資累計報酬率（％）

　　‧大盤累計報酬率（％）

　　‧投資月報酬率（％）

　　‧大盤月報酬率（％）

　　‧月超額報酬率（％）

　　月報酬率統計如表 B-1（註：2021／1～2 月是後來補充，不列入統計），顯示三因子模型、0050 ETF、0056 ETF 的月報酬率，平均值分別為

1.69%、0.95%、0.67%，但標準差分別為 5.66%、4.38%、3.88%。

月報酬率差額的柱狀圖如圖 B-1 與 B-2，顯示雖然三因子模型相對元大台灣 50（0050）與元大高股息（0056）兩檔 ETF 的差額多數大於 0，但小於 0 的也不少。三因子模型的相對勝率分別為 53.8%與 56.8%。

累積財富如圖 B-3，從 2010／1～2020／12 共 11 年期間，累積財富從 1 元穩定累積到 7.4 元。同期的 0050 與 0056，則分別從 1 元穩定累積到 3.1 與 2.2 元。可見微小的月超額報酬率的平均值，在日積月累下也可以創造巨大的差異。選股模型的年化報酬率高達 19.9%，同期的 0050 與 0056 分別為 10.7%與 7.4%。

表 B-1 報酬率統計　　資料來源：作者整理

		元大台灣 50（0050）	元大高股息（0056）	三因子模型	大盤
月報酬率	平均值	0.95 %	0.67 %	1.69 %	0.53 %
	標準差	4.38 %	3.88 %	5.66 %	4.09 %
	最小值	-14.11 %	-12.22 %	-14.65 %	-14.03 %
	最大值	16.30 %	12.13 %	18.45 %	13.24 %
	中位數	1.24 %	1.11 %	1.44 %	0.84 %
	絕對勝率	63.6 %	62.9 %	60.6 %	62.1 %
年化報酬率	平均值	10.7 %	7.4 %	20.0 %	5.5 %
	標準差	15.2 %	13.4 %	18.0 %	15.2 %

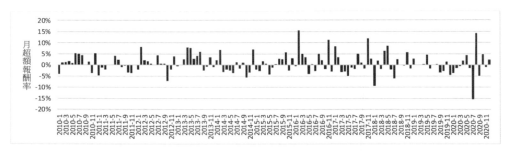

圖 B-1 月超額報酬率的柱狀圖：相對於 0050　資料來源：作者整理

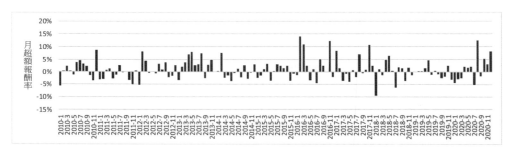

圖 B-2 月超額報酬率的柱狀圖：相對於 0056　資料來源：作者整理

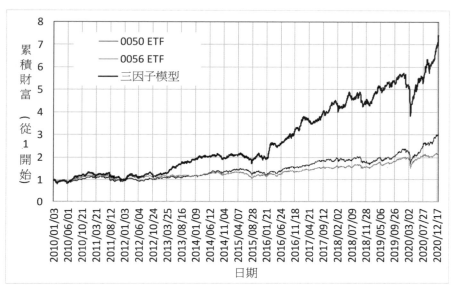

圖 B-3 ROE-PB-R 選股的累積財富（2010～2020） 資料來源：作者整理

日期	買進檔數	賣出檔數	做多持股檔數	投資累計報酬率(%)	大盤累計報酬率(%)	月份	投資月報酬	大盤月報酬率	月超額報酬率
2010/01/04	16	0	16	-0.29	0	Jan-10	-11.27%	-8.30%	-2.97%
2010/02/01	10	11	15	-11.53	-8.3	Feb-10	0.63%	0.71%	-0.08%
2010/03/01	9	12	12	-10.97	-7.65	Mar-10	5.59%	5.74%	-0.15%
2010/04/01	9	11	10	-5.99	-2.35	Apr-10	3.63%	-0.76%	4.39%
2010/05/03	9	8	11	-2.58	-3.09	May-10	-8.97%	-8.32%	-0.65%
2010/06/01	6	7	10	-11.32	-11.15	Jun-10	5.05%	-0.50%	5.55%
2010/07/01	12	4	18	-6.84	-11.59	Jul-10	17.54%	9.07%	8.47%
2010/08/02	10	11	17	9.5	-3.57	Aug-10	3.34%	-3.11%	6.45%
2010/09/01	11	16	12	13.16	-6.57	Sep-10	5.49%	7.49%	-2.00%
2010/10/01	12	8	16	19.37	0.43	Oct-10	1.52%	1.66%	-0.14%
2010/11/01	14	16	14	21.19	2.1	Nov-10	0.25%	1.67%	-1.43%
2010/12/01	16	10	20	21.49	3.81	Dec-10	12.79%	5.95%	6.84%
2011/01/03	14	14	20	37.03	9.99	Jan-11	-2.76%	0.95%	-3.70%
2011/02/08	11	15	16	33.25	11.03	Feb-11	-4.80%	-4.22%	-0.58%
2011/03/01	7	13	10	26.86	6.35	Mar-11	-2.76%	-0.26%	-2.50%
2011/04/01	14	8	16	23.36	6.07	Apr-11	3.13%	2.77%	0.36%
2011/05/03	7	14	9	27.22	9.01	May-11	1.34%	1.30%	0.04%
2011/06/01	5	4	10	28.93	10.43	Jun-11	-0.09%	-3.55%	3.46%
2011/07/01	15	5	20	28.82	6.51	Jul-11	4.51%	-0.43%	4.94%
2011/08/01	10	13	17	34.63	6.05	Aug-11	-11.56%	-10.84%	-0.71%
2011/09/01	8	17	8	19.07	-5.45	Sep-11	-6.78%	-9.59%	2.82%
2011/10/03	8	5	11	11	-14.52	Oct-11	3.26%	8.65%	-5.38%
2011/11/01	9	10	10	14.62	-7.13	Nov-11	-9.22%	-5.80%	-3.42%
2011/12/01	7	7	10	4.05	-12.52	Dec-11	-5.07%	-3.16%	-1.92%
2012/01/02	5	9	6	-1.23	-15.28	Jan-12	6.28%	8.58%	-2.30%
2012/02/01	15	6	15	4.97	-8.01	Feb-12	15.52%	7.57%	7.95%
2012/03/01	7	13	9	21.26	-1.05	Mar-12	-3.74%	-3.16%	-0.58%
2012/04/02	10	8	11	16.72	-4.18	Apr-12	0.63%	-2.36%	2.98%
2012/05/02	12	9	14	17.45	-6.44	May-12	-7.34%	-7.45%	0.11%
2012/06/01	13	9	18	8.83	-13.41	Jun-12	3.42%	3.35%	0.07%
2012/07/02	12	13	17	12.55	-10.51	Jul-12	5.86%	-1.04%	6.90%
2012/08/01	13	8	22	19.15	-11.44	Aug-12	5.17%	2.51%	2.66%
2012/09/03	7	22	7	25.31	-9.22	Sep-12	4.22%	3.01%	1.21%
2012/10/01	4	2	9	30.6	-6.49	Oct-12	-11.91%	-6.47%	-5.44%

日期	買進檔數	賣出檔數	做多持股檔數	投資累計報酬率(%)	大盤累計報酬率(%)	月份	投資月報酬	大盤月報酬率	月超額報酬率
2012/11/01	12	9	12	15.05	-12.54	Nov-12	4.01%	5.88%	-1.87%
2012/12/03	12	8	16	19.66	-7.4	Dec-12	5.22%	2.35%	2.87%
2013/01/02	8	10	14	25.91	-5.22	Jan-13	0.60%	0.97%	-0.38%
2013/02/01	9	9	14	26.66	-4.3	Feb-13	3.16%	1.39%	1.77%
2013/03/01	12	9	17	30.66	-2.97	Mar-13	0.06%	-0.82%	0.89%
2013/04/01	7	17	7	30.74	-3.77	Apr-13	14.24%	2.90%	11.34%
2013/05/02	7	2	12	49.36	-0.98	May-13	7.99%	0.88%	7.11%
2013/06/03	11	11	12	61.29	-0.11	Jun-13	1.75%	-1.99%	3.74%
2013/07/01	10	5	17	64.11	-2.1	Jul-13	5.53%	0.25%	5.28%
2013/08/01	11	15	13	73.18	-1.86	Aug-13	3.98%	-0.20%	4.19%
2013/09/02	8	11	10	80.08	-2.06	Sep-13	0.28%	1.83%	-1.55%
2013/10/01	9	8	11	80.58	-0.27	Oct-13	2.26%	2.47%	-0.21%
2013/11/01	13	11	13	84.66	2.19	Nov-13	5.53%	0.29%	5.24%
2013/12/02	15	11	17	94.88	2.49	Dec-13	0.46%	2.34%	-1.89%
2014/01/02	5	13	9	95.77	4.89	Jan-14	0.81%	-4.03%	4.84%
2014/02/05	12	5	16	97.35	0.66	Feb-14	6.30%	4.08%	2.22%
2014/03/03	6	8	14	109.79	4.77	Mar-14	-0.76%	3.14%	-3.90%
2014/04/01	13	13	14	108.2	8.06	Apr-14	0.15%	-0.09%	0.25%
2014/05/02	12	7	19	108.52	7.96	May-14	-0.13%	2.90%	-3.03%
2014/06/03	10	19	10	108.24	11.09	Jun-14	1.05%	3.49%	-2.45%
2014/07/01	7	6	11	110.42	14.97	Jul-14	0.38%	-1.87%	2.25%
2014/08/01	10	11	10	111.21	12.82	Aug-14	2.96%	2.68%	0.28%
2014/09/01	16	8	18	117.46	15.84	Sep-14	-4.53%	-5.49%	0.96%
2014/10/01	5	11	12	107.6	9.48	Oct-14	-2.87%	0.17%	-3.04%
2014/11/03	14	8	18	101.65	9.67	Nov-14	-0.72%	1.26%	-1.98%
2014/12/01	11	17	12	100.19	11.05	Dec-14	7.58%	1.71%	5.87%
2015/01/05	11	9	14	115.36	12.95	Jan-15	-2.70%	1.25%	-3.95%
2015/02/02	7	9	12	109.54	14.36	Feb-15	1.20%	2.28%	-1.08%
2015/03/02	12	9	15	112.06	16.97	Mar-15	-0.83%	-0.97%	0.14%
2015/04/01	10	13	12	110.29	15.83	Apr-15	6.52%	3.55%	2.98%
2015/05/04	9	8	13	124.01	19.94	May-15	-5.25%	-2.21%	-3.04%
2015/06/01	15	9	19	112.25	17.29	Jun-15	-2.22%	-2.60%	0.38%
2015/07/01	8	8	19	107.54	14.24	Jul-15	-6.43%	-9.07%	2.64%
2015/08/03	18	11	26	94.2	3.88	Aug-15	-2.47%	-5.94%	3.47%

日期	買進檔數	賣出檔數	做多持股檔數	投資累計報酬率(%)	大盤累計報酬率(%)	月份	投資月報酬	大盤月報酬率	月超額報酬率
2015/09/01	17	23	20	89.4	-2.29	Sep-15	5.20%	3.48%	1.72%
2015/10/01	9	14	15	99.24	1.11	Oct-15	9.36%	3.85%	5.51%
2015/11/02	18	11	22	117.89	5	Nov-15	-5.77%	-1.75%	-4.02%
2015/12/01	7	22	7	105.31	3.16	Dec-15	-0.13%	-4.12%	3.99%
2016/01/04	13	5	15	105.04	-1.09	Jan-16	-1.73%	0.50%	-2.22%
2016/02/01	3	13	5	101.5	-0.6	Feb-16	16.36%	4.03%	12.33%
2016/03/01	12	4	13	134.47	3.41	Mar-16	5.86%	2.00%	3.85%
2016/04/01	12	13	12	148.2	5.48	Apr-16	-0.81%	-4.20%	3.39%
2016/05/03	7	6	13	146.18	1.05	May-16	-0.64%	3.66%	-4.30%
2016/06/01	11	10	14	144.6	4.75	Jun-16	3.80%	1.65%	2.15%
2016/07/01	11	9	16	153.9	6.48	Jul-16	4.12%	3.91%	0.22%
2016/08/01	14	11	19	164.37	10.64	Aug-16	4.73%	-0.88%	5.60%
2016/09/01	14	15	18	176.87	9.67	Sep-16	4.87%	2.59%	2.28%
2016/10/03	11	11	18	190.34	12.51	Oct-16	0.19%	0.41%	-0.22%
2016/11/01	13	12	19	190.9	12.97	Nov-16	10.51%	-0.10%	10.61%
2016/12/01	11	15	15	221.47	12.86	Dec-16	-3.32%	0.09%	-3.41%
2017/01/03	10	13	12	210.8	12.96	Jan-17	11.29%	1.70%	9.59%
2017/02/02	8	8	12	245.9	14.88	Feb-17	2.34%	2.59%	-0.25%
2017/03/01	8	5	15	253.99	17.85	Mar-17	2.34%	2.84%	-0.51%
2017/04/05	16	15	16	262.26	21.2	Apr-17	-2.87%	-0.08%	-2.79%
2017/05/02	7	10	13	251.85	21.1	May-17	-1.91%	1.45%	-3.36%
2017/06/01	17	13	17	245.14	22.86	Jun-17	3.18%	3.23%	-0.05%
2017/07/03	20	12	25	256.13	26.83	Jul-17	2.08%	0.23%	1.85%
2017/08/01	10	17	18	263.53	27.12	Aug-17	3.82%	1.52%	2.30%
2017/09/01	12	15	15	277.41	29.05	Sep-17	-1.33%	-1.22%	-0.12%
2017/10/02	9	11	13	272.38	27.48	Oct-17	2.85%	3.27%	-0.42%
2017/11/01	9	8	14	283	31.65	Nov-17	8.92%	-1.91%	10.83%
2017/12/01	13	8	19	317.17	29.14	Dec-17	2.88%	1.04%	1.84%
2018/01/02	8	11	16	329.18	30.48	Jan-18	-4.25%	4.19%	-8.45%
2018/02/01	13	13	16	310.92	35.95	Feb-18	-0.91%	-3.35%	2.45%
2018/03/01	11	13	14	307.19	31.39	Mar-18	-1.48%	0.94%	-2.41%
2018/04/02	14	14	14	301.18	32.62	Apr-18	4.02%	-2.48%	6.50%
2018/05/02	12	6	20	317.29	29.33	May-18	9.50%	3.12%	6.38%
2018/06/01	13	13	20	356.92	33.36	Jun-18	0.05%	-1.55%	1.61%

日期	買進檔數	賣出檔數	做多持股檔數	投資累計報酬率（%）	大盤累計報酬率（%）	月份	投資月報酬	大盤月報酬率	月超額報酬率
2018/07/02	7	14	13	357.17	31.29	Jul-18	-1.53%	2.96%	-4.49%
2018/08/01	20	10	23	350.17	35.18	Aug-18	2.45%	-1.20%	3.64%
2018/09/03	14	21	16	361.18	33.56	Sep-18	0.88%	0.80%	0.08%
2018/10/01	6	8	14	365.24	34.63	Oct-18	-10.43%	-10.93%	0.50%
2018/11/01	10	12	12	316.71	19.91	Nov-18	5.64%	2.97%	2.67%
2018/12/03	13	11	14	340.2	23.47	Dec-18	-6.05%	-5.76%	-0.30%
2019/01/02	9	13	10	313.55	16.36	Jan-19	5.53%	4.71%	0.82%
2019/02/11	19	8	21	336.43	21.84	Feb-19	5.11%	3.45%	1.66%
2019/03/04	11	13	19	358.73	26.04	Mar-19	1.14%	2.84%	-1.70%
2019/04/01	10	17	12	363.95	29.62	Apr-19	7.38%	3.41%	3.97%
2019/05/02	7	4	15	398.21	34.04	May-19	-2.15%	-4.57%	2.43%
2019/06/03	15	13	17	387.51	27.91	Jun-19	1.72%	3.78%	-2.05%
2019/07/01	17	12	22	395.91	32.74	Jul-19	3.27%	-1.51%	4.78%
2019/08/01	14	20	16	412.12	30.74	Aug-19	0.64%	-0.92%	1.56%
2019/09/02	18	14	20	415.42	29.54	Sep-19	-0.81%	3.13%	-3.95%
2019/10/01	5	11	14	411.22	33.6	Oct-19	4.05%	3.95%	0.10%
2019/11/01	13	7	20	431.93	38.88	Nov-19	2.44%	0.91%	1.53%
2019/12/02	14	14	20	444.91	40.14	Dec-19	2.90%	5.19%	-2.29%
2020/01/02	11	12	19	460.71	47.41	Jan-20	-11.28%	-6.16%	-5.12%
2020/02/03	18	19	18	397.45	38.33	Feb-20	-1.05%	-1.63%	0.58%
2020/03/02	15	12	21	392.25	36.08	Mar-20	-13.58%	-13.48%	-0.10%
2020/04/01	17	21	17	325.38	17.73	Apr-20	12.38%	10.95%	1.43%
2020/05/04	9	13	13	378.04	30.62	May-20	5.85%	3.34%	2.51%
2020/06/01	10	12	11	406	34.98	Jun-20	4.48%	5.64%	-1.15%
2020/07/01	12	7	16	428.69	42.59	Jul-20	1.44%	6.91%	-5.47%
2020/08/03	13	11	18	436.31	52.44	Aug-20	12.83%	1.52%	11.31%
2020/09/01	14	16	16	505.12	54.75	Sep-20	-3.06%	-1.22%	-1.84%
2020/10/05	14	13	17	486.61	52.86	Oct-20	4.47%	0.35%	4.12%
2020/11/02	14	10	21	512.84	53.39	Nov-20	9.62%	10.29%	-0.67%
2020/12/01	13	15	19	571.78	69.17	Dec-20	9.57%	7.31%	2.26%
2021/01/04	11	12	18	636.1	81.54	Jan-21	-12.02%	3.40%	-15.42%
2021/02/01	18	15	21	547.65	87.72	Feb-21	8.14%	3.49%	4.65%

台灣廣廈 國際出版集團
Taiwan Mansion International Group

國家圖書館出版品預行編目（CIP）資料

用黃金公式找到隱藏版潛力股：自組投資組合，年賺 19.9%，
價值＋獲利＋慣性 3 指標，在最小的波動下得到最大效益 / 葉怡
成、林昌燿 著，
-- 初版 . -- 新北市：財經傳訊, 2021.09
　面；　　公分 . -- （view；47）
ISBN 9789860619461（平裝）
1. 投票投資 2. 投資技術 3. 投資分析

563.53　　　　　　　　　　　　　　110011986

財經傳訊
TIME & MONEY

用黃金公式找到隱藏版潛力股
自組投資組合，年賺 19.9%，價值＋獲利＋慣性 3 指標，在最小的波動下得到最大效益

作　　　者／葉怡成・林昌燿　　編輯中心／第五編輯室
　　　　　　　　　　　　　　　編 輯 長／方宗廉
　　　　　　　　　　　　　　　封面設計／十六設計有限公司　內文排版／菩薩蠻數位文化有限公司
　　　　　　　　　　　　　　　製版・印刷・裝訂／東豪・弼聖・秉成

行企研發中心總監／陳冠蒨
媒體公關組／陳柔彣　　　綜合業務組／何欣穎

發 行 人／江媛珍
法律顧問／第一國際法律事務所 余淑杏律師・北辰著作權事務所 蕭雄淋律師
出　　版／財經傳訊出版社
　　　　　地址：新北市 235 中和區中山路二段 359 巷 7 號 2 樓
　　　　　電話：（886）2-2225-5777・傳真：（886）2-2225-8052

代理印務・全球總經銷／知遠文化事業有限公司
　　　　　　　　　　　地址：新北市 222 深坑區北深路三段 155 巷 25 號 5 樓
　　　　　　　　　　　電話：（886）2-2664-8800・傳真：（886）2-2664-8801
郵 政 劃 撥／劃撥帳號：18836722
　　　　　　劃撥戶名：知遠文化事業有限公司（※ 單次購書金額未達 500 元，請另付 60 元郵資。）

■ 出版日期：2021 年 9 月 30 日
ISBN：9789860619461　　　　版權所有，未經同意不得重製、轉載、翻印。